헬라어적 관점과 역사론적 관점과

관용어적 관점으로 본

하존 요한 계시록 3

오흥복 지음

이 책을 선택하신 여러분은 탁월한 선택을 하셨습니다. 왜냐하면,
한국에서 이 세 가지 관점으로 요한 계시록을 쓴 책은
저밖에 없기 때문입니다.

헬라어적 관점과
역사론적 관점과
관용어적 관점으로 본

하존 요한 계시록 3

초판1쇄 2020년 3월 30일

지은이 : 오흥복
펴낸이 : 이규종
펴낸곳 : 엘맨
서울시 마포구 토정로222 한국출판콘텐츠센터 422-3
출판등록 제1998-000033호(1985.10.29)
전화 : (02) 323-4060
팩스 : (02) 323-6416
이메일 : elman1985@hanmail.net
www.elman.kr
ISBN 978-89-5515-673-7 03230

이 책에 대한 무단 전재 및 복제를 금합니다.
잘못된 책은 구입하신 서점에서 바꿔드립니다.

값 12,800 원

계시라는 말에는 헬라어 '아포칼룁시스'와 히브리어 '하존'이라는 말이
있는데 '아포칼룁시스'는 자연계시, 일반계시, 특별계시를 모두 포함한
광역적인 계시를 말하고, 하존이란 한 가지 주제에 포커스(초점)을 맞추고
집중 조명하는 계시인데 저는 종말에 포커스를 맞추었기에
하존 요한 계시록이란 책을 쓰게 된 것입니다.

http://cafe.daum.net/dhbsik
(서울 순복음 은총교회 홈페이지)

위 카페에 들어오시면 퍼즐 레마 성경공부와
서울 순복음 은총 교회와 기도응답 전문학교에서 강의한
강의 내용을 동영상으로 보실 수 있습니다.

목차

서문

제 1 강 - 계9장   /   13

제 2 강 - 계10장   /   53

제 3 강 - 계11장   /   75

제 4 강 - 계12장   /   121

서문

지금으로부터 7년 전, 제가 27권의 책을 쓰고, 이제 쓸 책은 다 썼다 생각하고 무료하게 시간을 보내고 있던 차, 어느 지인 목사님의 "요한계시록 세미나에 함께 참석해 보시지 않겠느냐"는 제안에 그 목사님과 하루 3시간짜리 세미나에 참석하게 되었습니다. 그분의 강의를 들으면서 뭔가 90% 부족하다는 생각을 하면 집에 왔는데 그때부터 저의 머릿속에 요한계시록을 저렇게 해석하면 되겠느냐는 안타까움이 기도할 때마다 떠오르곤 했습니다. 그러기를 한 달 그때 주님의 음성이 들려왔습니다. "그러면 네가 한번 요한계시록을 해석해 보면 어떻겠느냐"는 제의였습니다. 그때 저는 주님께 당돌하게 대답했습니다. "알겠습니다. 주님! 제가 해 보겠습니다." 그러자 주님께서 "그러면 어떻게 해석해 보려고 하느냐"라고 하셔서 저만의 특징을 살려 헬라어적 관점과 역사론적 관점으로 한번 해석해 보겠습니다."라고 대답한 후 3개월 만에 요한계시록 세미나를 했습니다.

이렇게 요한계시록 세미나 강의를 7번 하던 차, 떠오른 생각은 '요한계시록은 관용어로 기록되었구나.' 하는 것이었습니다.그러므로 관용어를 알지 못하면 아무리 헬라어적 관점과 역사론적인 관점으로 본다고 해도 요한계시록을 제대로 해석한다는 것은 불가능하다는 생각이 들었습니다. 그래서 창세기부터 요한복음에 이르기까지의 관용어를 다 찾아내서 정리해 "관용어로 본 성경"이란 책을 쓰게 되었고, 그때 요한

계시록도 관용어로 정리하게 되었습니다. 그래서 본 책의 제목을 '헬라어적 관점과 역사론적 관점과 관용어적 관점으로 본 하존 요한계시록'이라는 제목을 붙이게 된 것입니다.

여기서 헬라어적 관점이란 헬라어 단어를 찾아 그 단어가 어떻게 태동했는지 그 유래를 찾아 정리했는데 계시록 7장까지 그 작업을 했습니다. 계시록 7장 이후에는 대부분의 단어가 반복되기에 더 이상 유래를 찾아 정리할 필요가 없었습니다. 또한 개정성경의 요한계시록 각 장의 구절을 헬라어로 1장부터 22장까지 해석해서 정리 했습니다.

그리고 역사론적 관점은 저의 책 '다가온 종말론'을 참고해 요한 계시록 중간 중간에 역사적인 이야기를 삽입해 기록했습니다. 여러분들도 역사론적 관점으로 요한계시록을 알고 싶으시면 저의 책 '다가온 종말론'을 꼭 읽어보셨으면 합니다. 그런데 여러분들이 요한계시록을 더깊이 연구하기 원한다면 이 '다가온 종말론'이란 저의 책을 반드시 구입해서 읽어보셔야만 합니다. 왜냐하면, 소 계시록인 마태복음 24장, 25장과 다니엘서에 기록된 역사와 주후 70년 예루살렘 멸망 사건을 역사론적인 입장에서 아주 잘 정리해 기록해 놓았기 때문입니다.

또한 관용어적 관점으로 기록했는데 관용어란 히브리어 '마솰'로 이 말은 잠언을 말하는데 그 뜻은 "속담, 격언, 관용어"란 뜻을 가지고 있습니다. 그런데 이 마솰에서 비유라는 사복음서의 파라볼레(관용어)가 유래되었는데 이를 관용어라 합니다. 그런데 놀랍게도 요한계시록은 제1장부터 22장까지 이 마솰(파라볼레)로 모두 연결되어 있습니다. 그러므로 이 관용어를 알지 못하면 관용어라는 비밀코드로 되어 있는 요한계시록을 아예 해석할 수 없게 되어 있는 것입니다. 그래서 저의 책 '하존 요한 계시록'이란 책은 특별히 이 관용어를 자세히 다루고 있습니다. 그러므로 여러분들이 이 책을 보시면 관용어라는 비밀코드로 되어 있는 요한계시록을 잘 이해하게 될 것입니다. 또한 계시라는 말에는 헬라어 '아포칼륍시스'와 히브리어 '하존'이라는 말이 있는데 '아포칼륍시스'는 자연계시, 일반계시, 특별계시, 기타 등등의 계시라 해서 광역적인 계시를 모두 다루는 것을 말하고, 하존이란 한 가지 주제에 포커스(초점)을 맞추고 집중 조명하는 것을 말하는데 저의 책이 '하존 요한계시록'입니다. 즉 이는 종말에만 포커스를 맞추고 요한계시록을 해석했다는 뜻입니다. 이 책을 선택하신 여러분은 탁월한 선택을 하신 것입니다. 왜냐하면, 한국에서 이 세 가지 관점에서 요한계시록을 쓰신 분도 없고, 이 세 가지 관점에서 세미나를 하시는 분은 한 분도 없기 때문입니다. 특별히 관용어적 관점으로 요한계시록을 쓴 사람은 저밖에 없기 때문입니다.

2019년 9월
서울 순복음 은총교회 오흥복 목사 드림

제 1 장

음 온돈 계시록 3

제시록 9장

| 계 9 장

떨어진 별과 무저갱

계시록 9장 1절을 보면 "다섯째 천사가 나팔을 불매 내가 보니 하늘에서 땅에 떨어진 별 하나가 있는데 그가 무저갱의 열쇠를 받았더라." 하고 있는데 계시록 9장을 정리하자면 계시록 9장 1~12절은 황충에 의해 예루살렘이 포위되고, 멸망하는 사건이 나온다. 이는 계시록 6장 2절의 상황이고, 계시록 9장 13~20절까지는 바벨론 멸망과 3차 세계 전쟁이 나온다. 그런데 이렇게 보는 이유는 계시록 14장이 후 삼년 반의 시간표(도표)인데 이 시간표에 넣어 해석을 하면 본 장 14절 바벨론 멸망과 15절 세계 전쟁이 계시록 14장 8,9절 안에 이루어지기 때문이다. 또한 계시록 9~13장의 활동무대는 이스라엘이고, 계시록 9장을 디테일(구체적)하게 설명하는 것이 계시록 11~13장으로 계시록 9장 안에 11~13장이 잉태되어 있다. 또한 계시록 8장이 두 증인이 행한 자연재앙이라면 계시록 9장은 황충이 사람을 죽이는 전쟁으로 인한 재앙이다.

"하늘에서 땅에 떨어진 별 하나가 있는데" 라고 하는데 혹자는 이 떨어진 별을 이사야 14장 12절의 사단이라고 하는데 사실 땅으로 떨어진 별은 계시록 8장 10절의 우리엘 천사장을 가리킨다. 왜냐하면 계시록 8장 10절에 "셋째 천사가 나팔을 부니 횃불같이 타는 큰 별이 하늘에서 떨어져 강들의 삼분의 일과 여러 물샘에 떨어지니" 하며 큰 별이 하늘에서 떨어져 땅 위에 있는 강들과 여러 물샘에 떨어졌다고 하고 있기 때문이다. 비록 계시록 8장 10절에서 강들과 물샘에 떨어졌다고 하지만 강들과 물샘도 땅 위에 있는 것이기에 결국 땅에 떨어진 것이나 다름없다. 그리고 계시록 8장 10절을 보면 우리 성경으로 '하늘에서 떨어져', '물샘에 떨어지니' 하며 현재형으로 표현을 하고 있다. 즉 이는 지금 하늘에서 떨어지기 시작해 방금 땅에 떨어졌다는 말이다. 이렇게 계시록 8장 10절에서 큰 별이(우리엘 천사장) 떨어졌기에 본 장 1절에서는 '떨어진' 하며 과거완료형으로 쓰고 있는 것이다.

이를 헬라어로 보면 계시록 8장 10절의 '떨어져'와 '떨어지니' 라는 말이 '에페센'으로 되어 있는데 이는 '핍토(넘어지다, 떨어지다)'의 제2 단순과거 직설법이다. 이는 방금 동작이 끝난 것을 나타내는 말인데 누가복음 17장 16,17절을 보면 '예수의 발 아래에 엎드리어(에페센) 감사하니 그는 사마리아인이라, 예수께서 대답하여 이르시되 열 사람이 다 깨끗함을 받지 아니하였느냐 그 아홉은 어디 있느냐' 하며 예수님의 발앞에 엎드려 감사하니 할 때 '엎드려' 할 때도 이 단어가 쓰이고 있다.

그러므로 계시록 8장 10절의 '떨어져'와 '떨어지니'라는 말의 '에페센'도 오래 전에 떨어진 것을 말하는 것이 아니라 방금 떨어진 것을 말한다.

이렇게 계시록 8장 10절이 방금 나팔을 불자마자 떨어진 것을 말한다면 계시록 9장 1절 본 절에서는 '떨어진' 하며 과거완료로 말하고 있는데 이를 헬라어로 보면 '펩토코타'라 해서 이는 '떨어지다, 내려가다, 엎드리다, 무너지다'라는 뜻을 가진 '핍토'의 동사 능동태 완료형으로 되어 있다. 이는 계시록 8장 10절에서 떨어진 별이 계시록 9장 1절에서는 완전히 자리를 잡은 것이 되는 것이다. 그래서 동작이 완료된 완료형을 쓰고 있다. 그리고 계시록 8장 10절에서 큰 별이라고 말한 이유는 천사장이기에 큰 별인 것이다. 이렇게 큰 별이기에 본 절에서는 '별 하나'로 표현하고 있다. 즉 큰 별을 별 하나로 말하고 있는 것이다.

또한 '무저갱의 열쇠를 받았더라.' 하고 있는데 만약 이 별이 사단인 마귀라면 무저갱에 갇히는 마귀에게 무저갱을 맡기게 되는 꼴이 되는데 이는 마치 고양이에게 생선을 맡기는 격이 된다(계 19:20; 20:1~3). 만약 마귀에게 무저갱의 열쇠를 맡기면 무저갱이 무슨 필요가 있는가. 왜냐하면 그 열쇠를 가지고 자기 마음대로 열고 닫으며 온갖 비행을 다 저지를 것인데 말이다. 그러므로 이 무저갱의 열쇠를 받은 자는 결코 사단이 될 수 없는 선한 천사인 우리엘 천사장이 되는 것이다.

또한 '무저갱'은 헬라어로 '투 프흐레아토스(웅덩이, 우물, 무저갱) 테스 아뷔스수(바닥이 없을 정도로 깊음, 무저갱)'이란 말로 여기서 '프흐레아토스'는 '프흐레알'의 소유격으로 본래 '우물'이나 '저수지'를 뜻하나 고전 헬라어에서는 '지옥'을 뜻하는 말로 쓰이기도 했다. 그리고 '무저'로 번역된 '아뷔스수'는 부정 접두어 '아'와 '깊이, 바닥, 심연'를 의미하는 헬라어 '뷔도스'의 합성어로서 '바닥이 없는'이란 뜻으로 곧 밑도 끝도 없는 깊은 웅덩이를 가리키는 말이다.

관용어적으로 열쇠란 절대 권한이나 권세를 말하는 말이고, 무저갱의 열쇠를 가지고 있는 천사는 계시록 8장 10절의 우리엘 천사장을 말하고, 무저갱이란 바닥이 없는 깊은 웅덩이를 가리킨다.

큰 화덕의 연기

계시록 9장 2절을 보면 "그가 무저갱을 여니 그 구멍에서 큰 화덕의 연기같은 연기가 올라오매 해와 공기가 그 구멍의 연기로 말미암아 어두워지며" 라며 우리엘 천사장이 무저갱의 열쇠를 가지고 있었는데 그 열쇠를 사용해 무저갱의 뚜껑을 열었다는 말이다. 그런데 여기서 우리가 기억해야 할 것은 사단이 무저갱에 갇히는 시기는 계시록 19장 20절과 20장 1~3절 때이다. 그러므로 지금 무저갱의 열쇠를 열었다는 것은 무저갱이 유사 이래 지금까지 봉인된 상태였다는 것을 말한다. 그런데 본 절에서 개방을 했다는 것이다. 왜냐하면 이제 종말이 다 되었기 때문이다. 계시록 19장 20절과 20장 1~3절을 보면 두 짐승과 사단을 천년 왕국 전에 가두었다고 하는데 이제 그들을 가둘 때가 얼마 남지 않았다는 말이다. 즉 이제 종말이 몇 년 남지 않았기에 그들을 잡아 가두기 위해 무저갱을 개방한 것이다. 왜냐하면 후 삼년 반이 끝나는 지상 재림이 이루어 질 때 갇히기 때문에 시간적으로 3년 반 정도 밖에 남지 않았기 때문이다. 이 무저갱 부분은 저의 책 계 19:20절과 계 20:1~3절을 반

제 1 강 · 17

드시 참고하기 바란다.

"그가 무저갱을 여니 그 구멍에서 큰 화덕의 연기 같은 연기가 올라오매" 하며 빈 무저갱을 열고 보니 그 속에 큰 화덕의 연기 같은 연기만 가득해 있었다고 한다. 왜냐하면 무저갱엔 아직 아무도 들어가지 않았기 때문이며 또한 무저갱에 아직 장작불이 붙지 않았기에 연기만 나는 것이다(계 19:20). 그래서 본 절에서 '화덕의 연기 같은' 하며 '~~같은'이라는 은유법을 쓰고 있다. 이는 실제로 무저갱 속에 불이 붙은 것이 아니라 단지 화덕에서 나오는 연기 같은 것만 있었다는 말이다. 그래서 '큰 화덕의 연기 같은 연기' 하며 그것이 불이 아니라 '연기'라고 말하고 있는 것이다.

이 말을 헬라어 원문으로 보면 '카이 아네베(올라오다) 카프노스(연기) 에크(로부터) 투 프흐레아토스(무저갱) 호스(같은) 카트노스(연기) 카미누(벽난로, 아궁이, 화덕) 메갈레스(큰)'라는 말로 '큰 아궁이에서연기 같은 것이 무저갱으로부터 연기가 올라왔다'라고 되어 있다. 이는 아직 불이 붙은 상태가 아니기에 불이 붙기 전 연기가 많이 나는 것 같이그냥 아궁이에서 열기 없는 연기만 올라왔다는 말이다. 불을 피워 보신분들은 아시겠지만 불이 붙기 전에 먼저 연기만 시꺼멓게 올라온다. 그리고 얼마 후 불이 붙는다. 지금 무저갱의 상태가 그런 상태이다. 그러면 불이 피워지는 시기는 언제인가? 그것은 계시록 20장 10절의 때이다.

그렇다면 여기서 연기는 무엇을 말하는가? 말씀드렸지만 이 연기는 불을 피우기 전의 연기이기에 이 연기에는 열기가 없다. 그러므로 이는 거짓 선지자나 적그리스도인 황충의 거짓 진리를 말하는 것이다. 또한 '해와 공기가 그 구멍의 연기로 말미암아 어두워지며' 하며 해와 공기가 연기로 말미암아 어두워졌다고 하는데 여기서 해와 공기가 실제로어두워지는 것을 말하기도 하지만 그러나 본 절에서 '해'는 은혜와 구원에 대한 관용어이고 '공기'는 양심 즉 마음의 깨끗함을 말하는 관용어이다.

전쟁 시 적을 제압할 때 먼저 연막탄을 싸서 적이 앞을 보지 못하게 하고 공격을 하는데 여기서 연기는 황충인 두 짐승의 연막탄(연기)을 말한다. 그러므로 이 시기에는 '공기'인 양심이 화인 맞아서 옳고 그름을구별하지 못하고, 진리와 비 진리를 구별하지 못하게 된다. 또한 '해'인 하나님의 은혜가 연기로 차단이 되어 사람들이 하나님의 은혜를 구하지도 않고, 은혜를 받지도 못하게 된다. 그래서 이 시기가 되면 모든 사람들의 가치관이 상실되어 영적, 정치적으로 큰 혼란에 빠지게 된다. 한편 '어두워지며'에 해당하는 헬라어 '에스코토데'는 '스코토오(어둡게 하다)'의 부정과거 수동태로 무저갱으로부터 나온 연기로 인해 '어두워지게 된 것'을 의미하는데 '좁호스'인 암흑이라는 말을 사용하지 않고 스코토오를 사용하고 있다. 그러므로 아직도 기회는 있다는 말이다.

관용어적으로 큰 화덕의 연기란 아궁이의 연기를 말하는데 이 연기는 무저갱에서 올라오는 연기(비 진리, 거짓 가르침)를 말하고 해와 공기가 어두워졌다는 말은 영적, 정치적으로 가치관이 상실되었다는 말이다.

황충이란

계시록 9장 3절을 보면 "또 황충이 연기 가운데로부터 땅 위에 나오매 그들이 땅에 있는 전갈의 권세와 같은 권세를 받았더라." 하며 황충이 연기 가운데로부터 땅 위에 나왔다고 하는데 여기서 황충이라는 말의 헬라어 "아크리데스"는 '아크리스'의 복수형으로 "메뚜기들을" 말한다. 이 단어를 마태복음 3장 4절에서는 메뚜기로 번역했는데 계시록에서는 '황충'으로 번역했다. 왜 그랬을까? 마태복음에서는 침례 요한이 먹고 살던 음식으로 번역해서 메뚜기로 번역했지만 계시록에서는 사단의 모습으로 번역했기에 황충으로 번역을 했다. 그런데 여기서 황충이 단수가 아닌 복수이다. 이는 둘 이상이라는 뜻이다. 이렇게 복수로 기록된 이유는 간단하다. 그것은 종말에 활동할 짐승이 거짓 선지자와 적그리스도와 또한 그의 수하들이 많기 때문이다. 그래서 메뚜기 떼라는 말의 관용어는 많다는 뜻을 가지고 있다. 그러나 본 절에서는 적그리스도로 봐야 한다.

또한 이 '아크리스'가 "아크론"이라는 말에서 유래가 되었는데 그 뜻은 '최고의, 최첨단'이라는 뜻을 가지고 있다. 그러므로 계시록 9장에서 아크리스는 두 가지로 해석이 되는데 하나는 '최고 지도자'를 말하는 적그리스도로 해석해야 하고, 또 하나는 "최첨단 무기"인 첨단무기와 핵무기로 해석해야 한다. 그러므로 이 황충은 단순히 메뚜기가 아닌적그리스도를 뜻하는 말이다. 다시 말해 적그리스도의 닉네임(예명, 별명)이 황충이라는 말이다. 이 황충을 적그리스도로 보는 이유는 첫째로 왕이 쓴 금 면류관 비슷한 것을 썼기 때문이다(계 9:7). 계시록에서 비슷한 것은 적그리스도의 면류관이기 때문이고, 둘째로 계시록 11장 7~8절에서 이 황충을 무저갱으로부터 올라오는 짐승이라 했기 때문이고,

셋째로 무저갱에서 올라온 황충의 모습과 하는 일을 보면 적그리스도 임이 확실하기 때문이고, 넷째로 황충이 전갈의 권세(엑수시아 호 스콜 피오스)와 같은 권세를 가졌기 때문이다. 왜냐하면 전갈의 권세는 사단 의 권세를 말하는 관용어이기 때문이다. 또한 권세라는 말이 권능이 아 닌 엑수시아로 통치권자만이 갖는 통치권을 말하기 때문이다. 즉 권능 은 군인들을 말하는 말이지만 권세는 지도자를 말하기 때문이다. 그러 므로 본 절에 나타난 황충은 적그리스도인 것이다.

"연기 가운데로부터 땅 위에 나오매" 하며 이 황충이 무저갱의 연기 (카프노스) 가운데 땅에(에이스=안에, ~에 1519) 나왔다고 하는데 여 기서 땅은 이 세상을 말한다. 그러므로 이는 이 세상이 영적, 정치적, 자 연적으로 혼란한 틈을 타 초기에 적그리스도가 평화의 왕이라는 가면을 쓰고 나타나든지 아니면 다른 존재로 가면을 쓰고 황충(메뚜기)으로 나 타난다는 말이다. 다시 말해 처음부터 적그리스도와 거짓 선지자로 나 타나는 것이 아니라 메뚜기 탈을(황충이라는 가면) 쓰고 사람들에게 나 타나게 된다는 말이다.

또한 '땅위로 나오매' 할 때 '나오매' 라는 말이 '엑셀돈'인데 이는 에 크(~~로부터)+엘코마이(오다, 가다)라는 합성어인 '엑셀코마이(~로부 터 나오다)'의 부정과거형으로 조금 전 바로 땅 위로 나온 것을 말한다. 이렇게 황충이 땅 위로 나왔다는 말은 이 황충이 마귀와 같이 공중에 있 다가 나온 것이 아니라 단지 땅 위에 존재하다가 지금 막 마귀의 명령을 받고 마귀로부터 적그리스도가 되기 위해 세상으로 나왔다는 말이다.

'전갈의 권세' 라는 말은 헬라어로 '엑수시안(권세) 호이(그) 스콜피오이(전갈)'라는 말로 '전갈의 권세'라는 뜻을 가지고 있는데 전갈은 사막과 같은 따뜻한 지방의 돌 사이에 서식하며 꼬리에 강한 독을 품고 있는 침을 가지고 있다. 신약성경에서 전갈은 뱀처럼 사람에 대해 적대적이고 어둠의 권세를 대표하는 것으로 사용되었으며(눅 10:19;11:12;계 9:3,5,10), 구약성경에서는 이스라엘 백성들이 40년 광야 생활 말기에 교만하여 하나님을 잊어 버렸을 때 하나님께서 사나운 뱀과 전갈로 이스라엘 백성들을 징계한 것을 찾아 볼 수 있다(신 8:15). 그래서 15세기 터키가 이슬람화 될 때 이슬람 세력이 얼마가 큰지 메뚜기 떼로 표현했고, 이슬람에 의한 고통이 얼마나 큰지 전갈에 쏘이는 고통이라 하였다. '전갈의 권세'란 사단의 권세를 말하는 관용어이다. 그러므로 이 황충은 적그리스도를 말한다. 당시 오스만에 의해 기독교인 500만명이 학살되었다고 한다. 그런데 이런 고난이 앞으로 후 삼년 반에 온다는 것이다.

관용어적으로 황충은 메뚜기를 말하는 것으로 황충이라는 적그리스도가 메뚜기라는 가면을 쓰고 초기에 나타날 것을 말한다. 그러나 그 속에는 전갈의 독을 품고 있다.

황충이 메뚜기가 아닌 적그리스도인 이유

계시록 9장 4절을 보면 "그들에게 이르시되 땅의 풀이나 푸른 것이나 각종 수목은 해하지 말고 오직 이마에 하나님의 인침을 받지 아니한 사람들만 해하라 하시더라." 하며 "땅의 풀이나 수목은 해치지 말고

~~~인침을 받지 않은 사람들만 해하라." 하고 있다. 황충인 메뚜기는 원래 풀과 수목을 해치는 존재인데 오히려 풀과 수목은 해치지 말고 인침을 받지 않은 사람을 해치라 하고 있다. 다시 말해 황충의 공격 대상이 자연이 아닌 사람이라는 것이다. 이렇게 사람을 공격하라 함으로 이 황충이 단순히 메뚜기가 아닌 적그리스도임을 알 수 있는 것이다. 만약 이 황충이 메뚜기라면 사람을 공격하지 않았을 것이다. 그러나 이 황충이 적그리스도 이기에 후 삼년 반에 인침을 받지 못한 사람들만 해치는 것이다. 계시록 8장이 땅과 풀이나 수목의 3분의 1을 해치는 장이라면 본 장은 이런 자연이 대상이 아니라 후 삼년 반에 인침 받지 못한 사람들이 그 대상이 되고 있다.

"이마에 하나님의 인침을 받지 아니한 사람들만 해하라." 하며 이렇게 인침을 받지 않은 사람들만 해치라는 특명을 하나님으로부터 받았다는 말은 이제 인침이 거의 끝나가고 있다는 뜻으로 이는 전 삼년 반의막바지에 이르렀다는 뜻이다.

"해하라"라는 말의 헬라어 '아디케오'는 "부당하게 되다, 잘못하다, 상하다, 해치다"라는 뜻을 가졌는데 공동번역에서는 "해치라는 명령을 받았습니다." 라고 해서 지금 해치는 것이 아니라 명령만 하달 받은 상태로 나온다. 왜냐하면 해치는 것은 10절에서 해침으로 이때는 공중 재림 1초 전인 계시록 6장 5~8절의 셋째 인과 넷째 인 재앙 사이의 시기이기 때문이다. 이때 이스라엘 성도들은 두 증인의 보호를 받아 죽지 않게 관용어적으로 황충은 메뚜기가 아닌 적그리스도이며 또한 본 절은 공중 재림 1초전으로 황충이 인침을 받지 않은 사람들만 해치라는 명령만 받은 상태이다.

5개월 포위

계시록 9장 5절을 보면 "그러나 그들을 죽이지는 못하게 하시고 다섯 달 동안 괴롭게만 하게 하시는데 그 괴롭게 함은 전갈이 사람을 쏠 때에 괴롭게 함과 같더라." 고 했는데 4절을 보면 인 맞지 않은 사람들을 해하라고 명령만 하달한 상태에서 본 절을 보면 그들을 죽이지는 못하게 하고 5달 동안 괴롭게만 한다고 하고 있다. 이는 인치는 작업이 거의 끝나가기는 하지만 아직 이스라엘에 144,000명의 인침이 다 끝나지 않았기에 인침이 끝날 때까지의 기간 5개월이 남았다는 말이다. 인침은 앞에서 말씀드렸지만 두 증인으로부터 침례 받고 성령 받는 것을 말한다.

한편 '못하게 하시고'에 해당하는 헬라어 '아포크테이노신'은 '사형에 처하다, 살해하다, 도살하다'라는 기본어 '아포크테이노'의 동사 능동형이고, 아페크탄데산은 동사 수동태이다. 아무튼 이 재앙이 사단의 권세를 받은 황충에 의해서 행해지나 하나님의 주권적 통치 아래서 행하여지기 때문에 죽이지 못하고 하나님의 명령에 의해 다만 5개월 동안 괴롭히기만 하는 것이다.

'다섯 달 동안 괴롭게만' 한다고 하는데 이는 유대력에 의하면 황충은 실제로 5~9월까지 5개월 동안 출현해 농사에 큰 피해를 주었다고 한다. 요엘 선지자는 북 이스라엘이 앗수르에 의해 멸망할 것을 예언한 선지자인데 그는 앗수르를 황충으로 표현했다(요엘 2:28,32). 이렇게 앗수르에 의해 북 이스라엘이 포위되는 날 불신앙을 가졌던 이스라엘 백성들이 늦은 비 회개를 하게 될 것이다. 그러면 하나님은 그때 그회개한 자들에게 성령을 부어 주셔서 그들을 구원해 주신다는 말이다. 그런데 지금 이 말씀이 계시록 9장에서 이루어져서 5개월 포위 시 이스라엘 백성들이 회개할 것인데 그러면 앗수르에 의해 포위 되었을 때와 똑같이 하나님은 성령을 부어 주시고 마지막으로 인을 쳐서 공중 재림에 참여하게 해 주신다는 말이다. 지금 이 5개월 포위 상황은 마태복음 24장 15절, 누 가복음 21장 20절, 계시록 6장 5~6절 상황을 말한다. 또한 숫자 5는 고난의 시작을 알리는 수이며 관용어적으로 짧은 기간을 말하는 수이다. 그러므로 여기서 5개월이 꼭 5개월을 말하는 것이 아니라 짧은 기간 포위를 당한다는 뜻이다. 5개월이라는 말은 헬라어로 '메나스(달) 펜테(5)'라 해서 다섯달로 되어 있다.

본 절에서 "전갈의 고통이란" 주후 70년 예루살렘 멸망 시 극심한 기근으로 인해 인육을 먹는 형국이 벌어진 것 같이 예루살렘 5개월 포위 시 식량 부족으로 인해 고통을 당하게 되는데 이 고통을 본 절에서 전갈의 고통이라 하고 있다. 우리나라 속담에 삼 일 굶으면 도둑질 안할 사람이 없다고 한 것 같이 식량난으로 겪는 고통은 그 어떤 고통보다 힘겨운 전갈이 쏘는 고통이 될 것이다(계 6:5~6;마 24:15;눅 19:43;21:20)

관용어적으로 5개월이라는 말은 짧은 기간을 뜻하는 말이고 전갈의 고통이란 식량난을 말한다.

죽기를 구한 이유와 죽음이 피한 이유

계시록 9장 6절을 보면 "그 날에는 사람들이 죽기를 구하여도 죽지 못하고 죽고 싶으나 죽음이 그들을 피하리로다." 하며 그 5개월 포위 시 이스라엘 백성들이 죽기를 구하였다고 하고 있다. 우리나라 사람들 같으면 죽기를 구하지 않고 차라리 자살을 했을 것이다. 그런데 이스라엘 사람들이 이렇게 죽기를 구한 것은 이스라엘은 자살이 금지되어 있기에 엘리야처럼 로뎀나무 아래에서(왕상 19:4) 죽여 달라고 구하는 방법밖에 없었던 것이다. 다시 말해 식량부족으로 인해 차라리 죽여 달라고 기도하고 있다는 것이다.

또한 '죽음이 그들을 피하리로다.' 하고 있는데 이 5개월 포위시기에는 포위만 하고 있지 전쟁을 하는 시기가 아니다. 그러므로 이스라엘 백성들이 차라리 이 전쟁 중에 죽고 싶어 하지만 황충은 포위만 했지 죽이지 않음으로 이스라엘 백성들은 마치 산 지옥(죽음)의 고통을 5개월 동안 당하게 될 것이다. 이때 이스라엘 성도들은 두 증인에 의해 만나와 메추라기를 먹고 그렇게 큰 고통 없이 후 전삼년반을 살게될 것이다

한편 여기서 '사람들' 할 때 사람이라는 말이 헬라어로 '호이 안드로포이'인데 관사 '호이'가 사람 앞에 놓였기에 이는 어떤 특정한 사람들을 말하는 말이다. 이 특정한 사람들은 두 증인의 보호를 받지 못하는 이스라엘 백성들을 말한다. 또한 '구하여도'에 해당하는 헬라어는 '에피뒤메수신'은 '구하다, 열망하다' 라는 '제테오'에서 유래된 말로 이는

매우 강렬한 욕구를 나타내는 표현으로 하나님의 인을 받지 못한 자들이 마치 전갈에 쏘인 것과 같은 식량난으로 인해 차라리 죽기를 간절히 원하고 소망한다는 뜻이다.

관용어적으로 죽기를 구한 이유는 이스라엘은 자살이 금지 되어 있기 때문이고 죽음이 피해간 이유는 전쟁이 아닌 포위한 상태이기 때문이다.

이스라엘을 포위한 경위를 설명함

계시록 9장 7절을 보면 "황충들의 모양은 전쟁을 위하여 준비한 말들 같고 그 머리에 금 같은 관 비슷한 것을 썼으며 그 얼굴은 사람의 얼굴 같고" 하며 7~10절까지는 황충의 모양에 대한 기술인데 이러한 황충의 모습은 관용어적으로 요엘 2장 4절을 반영하고 있는 말이다. 본 절의 '황충들'이란 말은 헬라어로 '아크리돈'인데 이는 '아크리스(메뚜기, 황충)'의 복수 소유격이다. 이 아크리스의 복수 목적격은 '아크리다스'이고 복수 주격은 '아크리테스'이다. 그런데 여기서 '황충들의 모양은' 하며 황충들이라고 하고 있는데 이는 거짓 선지자와 적그리스도와 또한 그의 많은 수하들을 말하지만 본 절에서는 적그리스도로 봐야 한다.

본 절을 자세히 보면 이 황충이 메뚜기가 아닌 적그리스도임을 알 수 있는데 그 이유는 첫째로 황충은 메뚜기 모양을 해야 하는데 말들 같다고 하고 있고, 둘째로 황충은 금 면류관이 없는데 머리에 금 면류관 비슷한 것을 썼다고 하고 있고, 셋째로 황충은 사람의 모양을 갖지 않았는데 사람의 모양을 가지고 있다고 하기 때문이다.

그런데 여기서 황충이 전쟁을 위해 준비한 말들 같다고 하고 있는데 앞에서 말씀드렸지만 말은 전쟁과 힘과 빠름을 상징하는 관용어로 이는 황충(적그리스도)이 빠르게 이스라엘을 포위한 것을 뜻하는 말이다.

또한 금 면류관 비슷한 것을 썼다고 하는데 앞에서 말씀드렸듯이 이렇게 비슷한 것을 쓰는 것은 적그리스도에 대한 관용어로 이는 적그리스도라는 뜻이고, 또한 사람의 얼굴을 가졌다고 하고 있는데 이는 적그리스도가 마귀나 사단이 아닌 그의 조종을 받는 사람이라는 뜻이다. 또한 얼굴에 대한 관용어가 지혜를 말하기에 이 적그리스도는 지혜를 가졌기에 그가 가진 지혜를 가지고 사람들을 설득해 이스라엘을 포위하게 했다는 말이다. 앞에서 말씀드렸듯이 황충이 이런 지혜를 가졌기에 평화의 왕처럼 군림하며 이스라엘을 정복하는 것이 평화를 위한 전쟁이라 설득해 전쟁에 임하게 했던 것이다. 본 절은 주후 70년 로마 장군 '디도'가 10만 대군을 이끌고 질풍노도처럼 몰려와 순식간에 예루살렘을 포위했던 것 같이 종말에 적그리스도도 그렇게 몰려와 이스라엘을 포위할 것을 설명하는 절인 것이다.

관용어적으로 본 절의 황충은 적그리스도로서 평화의 왕을 사칭해 이스라엘을 순식간에 5개월 동안 포위한 경위를 설명해 주고 있는것이다.

여자의 머리털과 이빨

계시록 9장 8절을 보면 "또 여자의 머리털 같은 머리털이 있고 그 이 빨은 사자의 이빨 같으며" 하며 7절에 이어 황충의 모양에 대한 기술을 계속하고 있는데 앞에서 말씀드렸듯이 황충이 메뚜기가 아닌 적그리스 도인 이유는 첫째로 황충은 머리털이 없는데 여자의 머리털과 같은 머 리털이 있는 사람이고, 둘째로 황충은 사자 이빨을 가지고 있지 않은데 사자 이빨을 가졌다고 하고 있기 때문이다.

또한 "또 여자의 머리털 같은 머리털이 있고" 혹자는 마호메트 휘하 의 이슬람 교도들이 아름답고 긴 장발 머리를 했었다고 주장하며 본절 의 황충이 이슬람 교도들이라 하는데 저도 역시 그렇게 보고 있다. 후에 있을 적그리스도는 흩어진 단 지파에서 나오게 되는데 그는 이슬람교도 가 되어 나타나게 될 것이다.

"여자의 머리털" 이라고 기록하고 있는데 '여자'는 모성애가 있고 또 한 화장을 통해 변신을 잘한다. "머리털"은 음녀를 말하는 관용어로 계 시록 17~18장에서는 이 음녀를 바벨론이라 한다. 여자의 머리털은 매 력적으로 남자를 홀리고 성을 자극한다. 이는 황충이 대단한 카리스마(매 력)를 가졌음을 말하는 말로, 황충은 초창기에는 마치 모성애를 가진 거 짓 평화의 왕으로 등장해 사람들의 마음을 휘어잡을 것을 말하는 것이다. "사자의 이빨"을 가졌다고 하는데 백수의 왕 사자는 무서운 공격력과 파괴력을 가지고 있다. 그래서 관용어적으로 사자는 파괴력과 공격력

제1강 · 29

을 뜻하는 말이다. 이는 황충인 적그리스도가 초기엔 꼬리를 감춘 구미호처럼 평화의 왕을 사칭해 사람을 홀리지만 그러다 바벨론 멸망 후(계 17:17) 본격적으로 사자 이빨(본성)을 드러내게 될 것이다.

제가(오흥복) 적그리스도를 단 지파에서 나온 이슬람이라 주장하는 이유는 첫째로 유대인들의 사상에 적그리스도가 단 지파에서 나온다고 하기 때문이고(계 7:6~7), 둘째로 이슬람이 현재는 여자의 머리털을 하고 있지만 그 속에서는 사자의 이빨을 가지고 있기 때문이다. 다시 말해 이슬람이 겉으로 표방하는 것은 여성과 같이 모성애가 있는 것 같이 자기들은 평화로운 종교라 주장하지만 그 속에 사자의 이빨이 있어 온갖 테러와 숙청을 강행하기 때문이다. 이런 이중적인 색채를 드러내는 종교는 현재 지구상에 이슬람밖에 없기 때문이다. 그러므로 적그리스도는 이슬람에서 나오게 되어 있다.

관용어적으로 여자의 머리털은 이슬람을 말하고 또한 황충이 초기에는 모성애를 가진 평화의 왕처럼 나타났다가 후에는 사자 이빨(본성)을 드러낼 것을 말한다.

호심경과 날개소리

계시록 9장 9절을 보면 "또 철 호심경 같은 호심경이 있고 그 날개들의 소리는 병거와 많은 말들이 전쟁터로 달려 들어가는 소리 같으며" 하며 8절에 이어 황충의 모양에 대한 기술을 계속하고 있다. 그런데 본 절은 황충인 적그리스도를 말하는 동시에 그를 따르는 수하들의 모습도 동시에 말한다. 왜냐하면 이 황충들이 가슴 보호막을 하고 있고, 또한 많은 병거와 말들이 전쟁터로 달려가는 소리를 내고 있어 많은 병사들을 연상시키고 있기 때문이다.

'철 호심경'이라는 말은 헬라어로 보면 '도라카스'인데 이는 '가슴, 흉배(가슴 붙이는 장식물)'라는 '도락스'에서 유래한 말로 가슴을 보호하는 갑옷에 철을 붙인 것을 말한다. 이는 황충이 공격력과 파괴력만 가진 존재가 아니라 방어력도 가진 존재로 약점이 없는 강력한 존재임을 시사하는 말이다.

"그 날개들의 소리는 병거와 ~" 하였는데 여기서 병거는 군인들이 타는 전차를 말하고, 날개란 신속성을 말하기에 이는 황충과 군사들이 나비처럼(날개) 날아서 벌처럼 신속하게 예루살렘을 포위했다는 말이다.

또한 "많은 말들"은 말들이 많다는 말로 군인들이 많다는 것이다. 왜냐하면 말들 위에는 군인들이 타고 있기 때문이다. 그러므로 이는 메뚜기 떼와 같은 많은 군인들이 삽시간에 예루살렘을 포위할 것을 말하는데 이는 마치 주후 70년 디도 장군이 예루살렘을 바람처럼 삽시간에 10만 대군으로 포위한 것과 같이 포위할 것을 말하는 것이다. "전쟁터로 달려 들어가는 소리 같으며" 하고 있는데 이는 이스라엘을 5개월 동안 포위하기 위해 바람처럼 달려가는 소리를 말한다.

관용어적으로 본 절은 황충과 그의 군사들이 나비처럼 날아 바람처럼 신속하게 예루살렘을 포위하는 장면을 말하는 것이다.

제 1 강 · 31

5개월 학살이 시작됨(이스라엘 점령)

계시록 9장 10절을 보면 "또 전갈과 같은 꼬리와 쏘는 살이 있어 그 꼬리에는 다섯 달 동안 사람들을 해하는 권세가 있더라" 하였는데 본 절은 황충의 모습을 말하는 동시에 황충이 꼬리로 사람들을 해하기 시작해 5개월을 해칠 것이라는 내용이다. 7~9절의 '있고(에이콘=에코의 과거시제)'가 과거 시제로 되어 있는데 반해 본 절의 '있어'는 '에쿠신'으로 현재 시제로 되어 있다. 이는 현재(지금) 시점에서 볼 때 7~9절은 5개월 포위를 하고 있었기에 과거시제가 되는 것이고, 10절인 본 절은 현재 시점인 점령해서 해하기 시작했기에 현재시제이고, 그리고 앞으로 5개월 동안 살육하기에 '해하는'은 미래 5개월 동안 있을 일이기에 미래 시제로 되어 있는 것이다(계 6:8;겔 14:21).

"또 전갈과 같은 꼬리와 쏘는 살이 있어" 라는 헬라어는 '카이 에쿠신(있어) 우라스(꼬리) 호모이아스(같은, 유사한) 스콜피오이스(전갈), 카이 겐트라(쏘다).'로 되어 있는데 그 뜻은 '전갈과 유사한 꼬리가 있는데 그것은 쏘았다'라고 되어 있는데 15세기 터키가 이슬람화 될때 이슬람에 의한 고통이 얼마나 큰지 전갈에 쏘이는 고통이라 하였는데 그런 고통을 지금 말하고 있는 것이다. 또한 여기서 '~~ 같은'이라는 은유법을 사용함으로 실제로 전갈의 꼬리로 쏜 것이 아니지만 마치 전갈의 독에 쏘이는 그런 고통 있었다고 말해 주고 있는 것이다. 이는 고통을 강조하기 위해 "전갈의 꼬리로 쏘는" 것에 비유한 것이다.

이렇게 황충이 초기에는 평화의 왕처럼 등장해 사람들을 현혹했지만 이제 그 품고 있던 전갈의 독을 사용하며 정체를 드러내기 시작한 것이다.

한편 '쏘는 살'에 해당하는 헬라어 '켄트라'는 '따끔하게' 찌르다'라는 '켄테오'에서 유래한 말로 새의 발톱이나 곤충의 침, 혹은 황소를 모는 막대기를 가리키는 말로 "따끔하게 함"이란 뜻을 가지고 있다. 이는 꼬리에 있는 침으로 쏘는 것을 말한다. 그런데 이렇게 전갈의 꼬리에 쏘인 사람들은 인침을 받지 못한 사람들만 쏘이는 것이다.

이를 통해 알 수 있는 것은 4절을 보면 인침을 받지 않은 사람만 해치라 명령만 했었는데 본 절에 와서는 인침을 받지 않은 사람들이 해함을 받기 시작했다는 것이다. 그러므로 이는 인침은 10절 이전에 이미 끝났고 이제 공중 재림이 방금 전에 있었다는 것을 알 수 있는 말이다. 에스겔 9장 5~8절을 보면 이 다섯 달 동안 이스라엘 백성들이 얼마나 처참하게 죽는지 자세히 소개하고 있다.

'해하는 권세가 있더라'라는 말의 헬라어는 "엑수시아(권세) 아우톤(3인칭 대명사) 아디케사이(해치다)"로 이는 '그의 권세로 해치다'라는 말인데 여기서 '권세'라는 말을 사용함으로 이는 황충이 권세를 가진 지도자임을 알 수 있다. 또한 '해치다'라는 말이 '아디케사이'인데 이는 '해치다'라는 '아디케오'의 미래시제이다. 그러므로 이를 통해 알 수 있는 것은 앞의 '있어'가 현재시제인데 '해치다'는 미래시제라는 것이다. 이는 현재 해치기 시작해 미래 5개월 동안 해치게 될 것이기 때문에 미래시제를 쓴 것이다. 여기서 5개월은 반드시 5개월이 아닌 짧은 기간을 말하는 관용어이다.

이를 역사적으로 볼 때 실제 이런 일이 있었다. 주전 167년 안티오쿠스가 세금 징수관을 파견하여 평화조약을 체결한 일주일 후, 안식일 날 군사 퍼레이드를 펼칠 때 축하하기 위해 나온 남녀노소 군중을 대 학살 한 후, 이스라엘을 정복했는데 바로 황충이 지금 안티오쿠스처럼 그렇게 점령해 학살하고 있음을 말해 주고 있는 것이다.

관용어적으로 본 절은 5개월 학살이 시작되었음으로 이때 이미 공중 재림이 임했다는 뜻이다.

아바돈과 아볼루온

계시록 9장 11절을 보면 "그들에게 왕이 있으니 무저갱의 사자라 히브리어로는 그 이름이 아바돈이요 헬라어로는 그 이름이 아볼루온이더라."하며 메뚜기 떼인 황충에게 왕이 있다고 하고 있다. 메뚜기는 왕이 없는 생물인데 왕이 있다고 함으로 황충은 적그리스도와 거짓 선지자와 그의 수하들을 말하고, 왕은 사단을 의미하는 말이다.

'무저갱의 사자라'라는 말의 헬라어는 '톤 앙겔론(천사) 테스 아뷧수(무저갱)'라는 말로 '그 무저갱의 그 천사'라는 말로 되어 있다.

혹자는 '사자'가 천사로 되어 있기에 나폴레옹 혹은 우리엘 천사장이라 주장하는데 공동 번역에서 "그들에게 왕이 있으니"를 "지옥의 악신을 왕으로 모셨다"라고 번역함으로 이는 지옥의 악신이며 이 세상 임금인 사단을 의미한다(요 16:11). 사단을 이렇게 천사로 말한 이유는 사단도 타락한 천사이기 때문이다. 그러므로 무저갱의 사자는 사단을 의미하는 말이다. 또한 천사 앞에 정관사 '톤'이 붙어 있음으로 특별한 천사를 지칭하는 것으로 이는 사단을 지칭하는 말이다.

'히브리어로는 그 이름이 아바돈이요 헬라어로는 그 이름이 아볼루온이더라.' 하며 이 사단의 닉네임(다른 이름)을 아바돈과 아볼루온이라 하고 있다. 구약에서 사단이라는 말은 14번 나오는데 "선의 대적자, 저항자"로 나오고, 마귀라는 말은 '쉐드'로 한 번 나오는데 70인 역에서는 다이모니온이라 해서 '귀신'으로 나온다(신 32:17). 그러므로 정확하게 말하면 구약에서는 마귀라는 말이 나오지 않고 귀신으로 나온다.

그런데 여기서 사단의 이름을 히브리어로는 아바돈이라 하는데, 이는 "파괴(멸망)하는 천사"라는 뜻을 가지고 있다. 즉 마귀와 사단의 이명이 아바돈인 것이다. 왜냐하면 파괴자이기 때문이다. 그런데 이 히브리어로 말하는 '아바돈'이 헬라어로는 '아볼루온'이라 하는데 이는 '아폴로 신'이나 '제우스신'을 의미하는 말로 아볼루온은 헬라어로 '파괴자, 사단'이란 뜻을 가지고 있다. 이는 역사적으로 주전 170년 시리아의 안티오쿠스 4세가 스스로 제우스라 하여 제우스 신상을 세웠는데 주후 81~96년에 도미티안도 자기가 주피터(제우스) 신이라 했다.

그런데 이들의 공통점은 둘 다 적그리스도를 상징하는 자들인데 그들도 파괴자였고, 살육자였다. 이는 안티오쿠스나 도미티안과 같이 후에

제1강 · 35

나타날 황충인 적그리스도도 이스라엘을 점령하고 참혹하게 살육할 것을 상징하는 말들인 것이다. 그러므로 예루살렘 정복 후 황충이 대 살육을 자행하는 것을 본 절에서는 아볼루온(제우스 신)이라 표현하고 있는 것이다.

그렇다면 왜 무저갱의 사자를 히브리어로 아바돈이라 했고 헬라어로 아볼루온이라 했을까? 이는 황충이 파괴하는 자로 지금 예루살렘을 무력으로 점령해서 5개월을 대 살육을 하며 파괴하고 있기 때문에 아바돈 또는 아볼루온이라 했던 것이다. 그런데 이렇게 황충이 대 학살을 자행하는 이유는 사단인 아볼루온의 지시를 받아 대 학살을 하는 것이라는 말이다. 다시 말해 본 절은 이런 대 살육이 어디서부터 시작되었는지 사건의 경위를 지금 설명하고 있는 말씀인 것이다.

관용어적으로 황충인 적그리스도가 5개월 학살을 한 이유는 그의 왕인 사단의 지시를 받아서 했다는 말이다.

세 번 화

계시록 9장 12절을 보면 "첫째 화는 지나갔으나 보라 아직도 이후에 화 둘이 이르리로다." 하며 첫째 화가 지나갔다고 했다. 이 첫 번째 화는 다섯째 나팔재앙을 의미하는 계시록 9장 1~11절을 말하는데 여기서 '첫째 화가 지나갔다'고 하고 있다. 이는 예루살렘 정복 후 대 살육이 끝났다는 말이다. 그리고 남은 두 개의 화는 또 다른 대 살육이 있을 것을 예고하고 있는데 이 살육은 이스라엘이라는 지역을 벗어나 세계적으로 있을 것을 예고하고 있는 것이다. 그런데 첫째 화에 해당하는 헬라어는 헤 우아이(화) 헤 미아(하나, 첫째)'로 직역하면 "그 하나의 그 화"라는 말로 다섯째 나팔 재앙을 가리킨다.

한편 '보라'에 해당하는 헬라어 '이두(보라)'와 '이르리로다'의 헬라어 '엘콘타이(엘코마이=오다, 가다)'는 모두 현재 시제로 이는 여섯째 화(나팔재앙)와 일곱째 화(나팔재앙)가 먼 미래에 있을 일이 아니라 지금 바로 일어날 일이라는 것을 강조하고 있는 것이다.

세 가지 화와 다섯 번째 나팔 재앙과 여섯, 일곱 번째 나팔 재앙을정리하면 첫 번째 화는 9장 1~11절의 다섯째 나팔 재앙인 예루살렘 점령과 살육이 테마(주제)이고, 두 번째 화는 여섯째 나팔 재앙으로 계시록 9장 13~11장 14절인 예루살렘 멸망과 세계 대전이 테마이고, 세 번째 화는 일곱 번째 나팔 재앙으로 계시록 11장 15절~19절인 7대접 재앙의 시작을 알리는 내용인데 일곱 나팔재앙은 계시록 16장 대접재앙의 시작을 알리는 신호이다.

관용어적으로 첫 번째 화는 다섯 번째 나팔 재앙으로 이스라엘 정복과 살육이 주제이고 두 번째 화와 세 번째 화는 다섯 번째 나팔 재앙과 여섯 번째 나팔 재앙을 예고하는 말이다.

금 제단 네 뿔에서 난 음성

계시록 9장 13절을 보면 "여섯째 천사가 나팔을 불매 내가 들으니 하나님 앞 금 제단 네 뿔에서 한 음성이 나서" 하며 여섯째 천사가 나팔을 불었다는 것이다. 이는 이제 여섯째 나팔 재앙이 시작되었다는 뜻이다. 그런데 이렇게 여섯째 천사가 나팔을 불자 금제단 네 뿔이 등장한다.

'하나님 앞 금 제단 네 뿔에서'라는 말의 헬라어는 "톤 텟사론(4) 케라톤(뿔) 투 뒤시아스테리우(번제단) 투 크뤼수(금) 투 에노피온(앞) 투 데오스(하나님)"라는 말로 이는 '하나님 앞에 금 번제단 네 뿔'이라는 말로 되어 있다. 혹자는 이 금제단을 향단으로 해석을 하는데 향단은 '뒤시아스테리우(제단) 투 뒤미아마토스(향내)'라 해서 향단을 말하지만(눅 1:11) '뒤시아스테리우'는 '희생 제의를 드리다'라는 의미를 나타내는 '뒤시아조'의 명사형 '뒤시아'의 복수형으로 '번제단'을 말한다(마 5:24). 그리고 또한 70인 역에서도 '뒤시아스테리우'를 번제단으로 해석을 하고 있다. 그러므로 본 절의 금 제단은 향단이 아닌 번제단을 말한다.

'네 뿔' 할 때 네 뿔은 분향단에도 네 뿔이 있고, 번제단에도 네 뿔이 있다. 그러므로 이 네 뿔을 가지고 '이것이 번제단의 네 뿔이다, 분향단의 네 뿔이다'라고 말할 수는 없다. 그런데 앞의 금제단을 꾸밈으로 이는 번제단 네 뿔을 의미한다.

'하나님 앞 금제단 네 뿔에서 한 음성이 나서' 하며 금 번제단에서 한 음성이 났다고 하는데 번제단 아래는 순교자들의 기도 장소이지만(계 6:9) 하나님 앞의 금 번제단은 순교자들이 모여 기도하는 장소가 아니다. 그러므로 이 음성은 순교자들의 음성이 아닌 하나님의 음성인 것이다. 왜냐하면 하나님 앞에 있는 금제단에서 났기에 이는 하나님의 소리이기 때문이다. 그러나 번제단은 어쨌든 성도들의 기도와 밀접한 관계가 있는 곳이기에 앞으로 있게 될 3차 세계 대전도 성도들의 기도 응답의 결과라 볼 수 있다.

관용어적으로 하나님 앞에 있는 금 제단은 번제단을 말하며 그 번제단 네 뿔에서 들린 한 음성은 하나님의 음성이다.

유브라데 강

계시록 9장 14절을 보면 "나팔 가진 여섯째 천사에게 말하기를 큰 강 유브라데에 결박한 네 천사를 놓아 주라 하매" 하며 13절을 보면 금 번제단 네 뿔 사이에서 한 음성이 들려왔는데 이 음성은 하나님의 음성으로 이 음성이 여섯째 나팔 가진 천사에게 말하길 큰 강 유브라데에 결박된 네 천사를 놓아 주라 하고 있다.

본 절 14절은 바벨론 멸망을 말하는 것이고, 본 장 15~16절은 세계 3차 대전 시 동원되는 군대 수를 말하고, 본 장 17~19절은 구체적(디테일)으로 세계 3차 대전이 실제로 어떻게 일어났는지 그 과정을 설명하고 있는 절이다.

'유브라데 강'은 하나님의 언약의 땅인 가나안의 동쪽 경계선이다(

창 15:18). 유브라데 경계 건너편에 앗시리아 등 이방인들이 포진하고 있어서 구약성경에서 이 강은 하나님의 선민인 이스라엘의 대적들로 상징되었다(사 7:20;8:7;렘 46:10). 그래서 관용어적으로 유브라데는 하나님이 전쟁으로 심판하는 말로 사용되었다. 그래서 이방인들의 침략을 유브라데 강이 흘러넘치는 것으로 묘사되기도 하였다(사 8:7). 이 부분은 저의 책 계 16:12절을 반드시 참고하기 바란다.

"결박한 네 천사를 놓아주라" 하고 있는데 이 네 천사는 계시록 7장 1~2절의 네 천사가 아닌 로마의 원형 경기장의 피에 굶주린 사자와 같은 악 한 네 천사를 말한다. 왜냐하면 만약 이 천사들이 선한 천사라면 굳이 결박되어 있을 필요가 없었을 것이다. 선한 천사들은 의로우신 하나님의 선한 피조물이므로 결박해 놓을 필요가 없기 때문이다. 이 천사들은 피에 굶주린 천사들로 사람 삼분의 일을 죽이려고(15절) 16절의 마병대를 이끌고 이라크인 바벨론으로 진격하게 될 것이다(계 14:8). 여기서 '결박한'에 해당하는 헬라어는 '데데메누스'로 '데오' 묶다의 완료 수동 분사 남성 복수 목적격으로 헬라어에서 소위 신적 수동태로 되어 있다. 이는 하나님에 의해 신적으로 압도당함을 의미하는 단어로 쉽게 말해 이 네 천사는 하나님의 지휘 아래서 활동하는 존재라는 의미이다.

'큰 강 유브라데에 결박한 네 천사를 놓아 주라 하매'라는 말을 혹자는 동방의 중국군이 이스라엘을 공격함으로 3차 전쟁이 일어난다고 하는데 본 장에서는 동방이라는 말과 강물이 말랐다는 내용이 나오지 않고 16장에서 나온다. 그러므로 이는 동방의 군대가 이스라엘을 공격하는 것이 아니라 반대로 수니파 이슬람이 시아파 이슬람인 동방의 중심인 이라크(바벨론)를 공격하기 위해 유브라데 강을 건너는 것을 말하는 것이다. 그런데 이 바벨론(이라크)이 멸망당한 구체적인 시기가 계시록 14장 8절이기에 본 절은 계시록 14장의 시간표로 볼 때 계시록 14장 8절에 속한다.

그런데 이 네 천사는 바로 바벨론을 멸망시키기 위해 진군하는 마병대를 이끄는 네 천사들이라는 뜻이다. 이렇게 바벨론 멸망 시 수니파에 의해 시아파(이라크 또는 바벨론)의 많은 민간인들이 죽게 될 것과 군인들이 완전히 멸절 될 것을 예레미야 50장 30절에서는 말하고 있다. 바벨론 멸망에 대한 구체적인 내용은 저의 책 계 14:8절과 계 17~18장을 반드시 참고하기 바란다.

관용어적으로 유브라데 강은 하나님이 전쟁으로 심판할 때 사용하는 관용어이고, 결박된 천사는 바벨론(이라크)을 멸망시키기 위해 마병대를 이끄는 천사를 말한다.

바벨론 멸망

계시록 9장 15절을 보면 "네 천사가 놓였으니 그들은 그 년 월 일 시에 이르러 사람 삼분의 일을 죽이기로 준비된 자들이더라." 하며 "네 천사가 놓였으니" 하고 있는데 이 네 천사의 활동으로 바벨론 전쟁이 시작된다. 그리고 계시록 7장 1~2절의 네 천사의 활동으로 세계 대전으로 확대되어 3차 세계 대전이 일어난다. 다시 말해 바벨론인 중동이 뇌관이 되어 결국 세계 전쟁으로 확대 된다는 말이다. (바벨론 멸망과 세계 대전이 거의 동시에 일어난다는 말이다.) '그 년 월 일 시'에 해당하는 헬라어 '텐 호란(시간) 카이 헤메란(날) 카이 메나(월) 카이 에니아우톤(년)'은 시간을 나타내는 네 개의 단어가 하나의 관사 '텐'에 연결되어 하나님이 정하신 특별한 시간을 말한다.

한편 '삼분의 일'이란 전 세계 사람 3분의 1이 죽는 것을 말할 수도 있겠지만 삼분의 일이라는 말이 '토 트리톤(세 번째=서수)'라는 말로 여기서 '트리톤'은 '세 번째, 세 번째 부분'이라는 '트리토스'에서 유래가 되었는데 '토리토스'는 '3, 셋'이라는 '트레이스'에서 유래가 되었다. 그런데 이 '트리톤'은 누가복음 20장 12절에서는 '세 번째 종으로'로 해석하고 있고, 마가복음 14장 41절에서도 세 번째로 해석하고 있다. 그러므로 이는 세 번째 부분이라는 말로 해석해도 관계없겠지만 정확히 말하면 서수 세 번째라는 뜻이다. 그러므로 이 말은 역사상 세 번 째로 많은 사람이 죽을 것이라는 말로 3차 세계 대전을 의미하는 말이다.

또한 3분의 1이 죽는다고 해석해도 1~2차 세계대전은 이렇게 많은 사람이 죽지 않았기에 3차 세계 대전은 인류의 3분의 1이 죽는 핵전쟁이 될 것이기에 3분의 1이 죽었다고 해도 해석은 똑같이 3차 대전을 말한다. '죽이기로 준비된 자들이더라.' 하고 있는데 이 말은 아직 죽이는 것이 아니라 다만 죽이기로 준비만 하고 있다는 말로 이는 바벨론(이라크)이 멸망하면 바로 세계전쟁으로 확대 된다는 뜻이다. 그러므로 바벨론 멸망이 곧 3차 대전이 된다(계 14:8). 왜냐하면 바벨론 멸망과 동시에 3차 세계 대전으로 확대되기 때문이다. 그런데 이 바벨론 멸망의 시기는 앞에서 말한 것 같이 계시록 14장 8절 때이다.

관용어적으로 네 천사의 활동으로 바벨론이 멸망하고 곧이어 계시록 7장 1~3절의 네 천사의 활동으로 3차 세계 전쟁이 일어난다.

2억의 마병대

계시록 9장 16절을 보면 "마병대의 수는 이만 만이니 내가 그들의 수를 들었노라." 하고 있는데 이는 황충이 바벨론을 정복한 후 세계 3차 대전을 일으킬 때 동원된 기마병 수를 말하는데 그 수가 2억이라는 것이다. 즉 본 장 14절은 바벨론 멸망을 말하는 것이고, 본 장 15~16절은 세계 3차 대전 시 동원되는 군대수를 말하는 것이다. 본 장 17~19절은 구체적(디테일)으로 세계 3차 대전이 실제로 일어나는 과정을 설명하고 있다.

마병대의 수가 이만만이라는 말의 헬라어는 '투 힙티쿠(말) 뒤오(2, 둘) 뮈리아데스(일만) 무리아돈(일만)'으로 이는 '말'이 2만x10,000=2억으로 되어 있다. 본 절의 마병대는 기마병을 말하는 것으로 이 기마병을 이끄는 자는 14절의 결박한 네 천사이다. '이만 만이니'라는 말을 혹자는 2억의 중국군이라 하는데 중국군은 220만 밖에 안 되고, 미국이 150만이고, 북한이 110만이고, 우리나라가 60만 명이다. 즉 혹자의 말처럼 본 절은 "이만만"인 2억의 중국군이 이스라엘을 침범하는 전쟁을 말하는 것이 아니라 전 세계 군대와 이슬람 연합체와의 전쟁을 말하는 말이다. 왜냐하면 중국군은 220만밖에 안 되기에 2억은 전 세계 모든 군대를 다 합친 수를 말하기 때문이다.

그러므로 2억은 전 세계 군대와 이슬람 연합군을 합친 수를 말하는 것이다. 또한 관용어적으로 2억이라는 수는 많다는 말의 관용어이기에 "이만 만(2억)"이라는 말은 세계 3차 전쟁에 많은 군대가 동원된다는 것을 뜻하는 말이다. 계시록 14장의 시간표에 의하며 바벨론 멸망이 곧 세계 전쟁으로 비화된다고 나온다. 그런데 계시록 14장의 시간표는 크로노스인 사람의 시간표를 말하는 것이 아니라 카이로스인 하나님의 시간표를 말하고 있다. 종말의 시간표를 알려면 저의 책 계 14장을 반드시 참고하라.

관용어적으로 세계 3차 대전은 세계 군대와 이슬람연합군의 전쟁으로 그 수를 모두 합치면 2억이 된다는 말로 이는 많은 군대가 동원된다는 뜻이다.

사자의 머리와 불과 연기와 유황이 나옴

계시록 9장 17절을 보면 "이 같은 환상 가운데 그 말들과 그 위에 탄 자들을 보니 불빛과 자줏빛과 유황빛 호심경이 있고 또 말들의 머리는 사자 머리 같고 그 입에서는 불과 연기와 유황이 나오더라." 하고 있는데 지금 까지의 내용이 황충에 대한 이야기였다면 본 절부터는 16절의 마병대가 탄 말에 대한 이야기이다. 다시 말해 본 장 17~19절은 마병대가 탄 말들이 구체적(디테일)으로 어떻게 세계3차 대전을 일으켰는지 그 과정을 설명하고 있다는 말이다. 여기서 마병대가 탄 말들은 이슬람 연합체의 군대를 말한다. 이 이슬람 연합체의 군대가 결국 세계3차 대전에서 전세계 군대를 물리치고 승리하게 된다는 말이다.

"이 같은 환상 가운데"에 해당하는 헬라어는 "엔(안에) 테 호 라세이(환상)"로 '환상 가운데'라는 뜻으로 이는 요한이 지금 하나님이 보여주는 계시를 목도하고 있음을 말해준다.

"말들과 그 위에 탄 자들을 보니" 하고 있는데 일반적으로 '말'이라는 말의 관용어는 빠름과 힘과 전쟁을 상징하지만 본 절의 말들은 첨단 전자 무기를 상징하는 것으로 16절의 마병대가 최첨단 전자무기를탑재하고 있다는 말이다. 그래서 황충이라는 말이 '아크론(최고의, 최첨단)'에서 유래가 되었다고 3절에서 말한 것이다. 황충은 이렇게 최고 지도자를 말하는 적그리스도인 동시에 최첨단 전자무기까지 소유했다는 말이다. 또한 말들 위에 탄 자들이 있다고 하는데 이렇게 말들 위에 탄 자들은 군인들을 말하는 것으로 그 군인들이 최첨단 전자무기를 소유했다는 말이다. 그러므로 이 말을 요약하면 황충은 첨단 전자무기로 무장한 군대까지 소유하고 있다는 말이다.

"불빛과 자줏빛과 유황빛 호심경이 있고" 하고 있는데 이 말의 헬라어는 "에콘타스(에코=소유) 도라카스(가슴, 흉배) 퓌리누스(불타는,불) 카이 휘아킨디누스(감청색, 자주빛) 카스 데이오데이스(유황 같은)"라는 말로 '가슴에는 불타는 붉은 색과 자주색과 유황 같은 색을 소유하고 있었다.' 라는 뜻이다. 그러므로 이 말은 최첨단 전자 무기를 탑재한 군인들을 보니 가슴(흉배, 가슴방패)에 여러 색깔들이 반짝이며 빛나는 방탄복을 입었더라는 말이다. 이를 한마디로 하면 최첨단 방탄복을 입었다는 말이다.

'또 말들의 머리는 사자 머리 같고' 하고 있는데 이는 지금까지는 말들 위에 탄 군인들에 대한 설명이었다면 이제부터는 군인들이 소지한 최첨단 전자 무기인 말들에 대해 설명하겠다는 뜻이다. 그런데 이 말들의 머리가 사자 같고 하며 '~~같고(호스=같이, 같은 방법으로)' 라는 은유법을 씀으로 이는 사자가 아니라 다른 어떤 것이라는 뜻이다.

이렇게 사자라는 은유법을 쓴 이유는 사자의 특성을 가지고 말들의 머리를 지금 설명하겠다는 뜻이다. 사자는 백수의 왕이다. 그러므로 말들의 머리가 사자 같다는 말은 최첨단 무기 중의 왕을 말하는 것으로 이렇게 최첨단 전자 무기 중의 왕은 핵무기이다. 그러므로 본 절의 말들의 머리가 사자 같다는 말은 핵무기를 말하는 것이다. 본 절에서 '말(힙포스)' 은 첨단 전자무기를 말하지만 이 말들의 머리(사자)는 핵무기를 말한다.

"그 입에서는 불과 연기와 유황이 나오더라." 하고 있는데 이는 사자의 입에서 불과 연기와 유황이 나왔다는 말로 고대 신화에서 불과 유황을 내뿜는 것은 '괴물'에 대한 표현인데 괴물 중에 괴물은 바로 핵무기이다. 그러므로 입에서 불과 연기와 유황이 나왔다는 말은 핵전쟁이 일어났다는 말이다.

'불과 연기와 유황이 나오더라.' 라는 말의 헬라어는 '퓔(불) 카이 카프노스(연기) 카이 데이온(유황, 번쩍임)'이라는 말로 "불과 연기와 유황"이라는 말인데 여기서 '데이온'이라는 말은 '번쩍임' 이라는 말에서 유래가 되었음으로 이는 방사능을 말하는 것이다. 그러므로 사자의 입에서 불과 연기와 유황이 나왔다는 말은 핵무기가 폭발해서 핵무기에서 불과 연기인 버섯구름과 방사능이 유출되었다는 말이다.

관용어적으로 말들은 최첨단 무기를 말하는 것이고, 사자는 무기중의 왕인 핵무기를 말하고, 사자의 입에서 불과 연기와 유황이 나왔다는 말은 핵무기가 폭발해 불과 버섯구름과 방사능이 유출되었다는 말이다.

세 가지 재앙의 결과

계시록 9장 18절을 보면 "이 세 재앙 곧 자기들의 입에서 나오는 불과 연기와 유황으로 말미암아 사람 삼분의 일이 죽임을 당하니라." 하고 있는데 여기서 이 세 가지 재앙이란 17절에서 설명한 재앙으로 그것은 '곧' 사자의 입에서 나온 불과 연기와 유황을 말한다. 여기서 '곧'이라는말이 헬라어 정관사 '톤'으로 되어 있기에 이는 앞의 특정한 것을 다시 설명하는 랩 기법인 것이다. 그런데 여기서 '자기들의 입'이란 사람의 입이 아닌 17절에서 말한 말들의 머리에 해당하는 사자의 입을 말한다. 이는 바벨론이 멸망당하자 이슬람 국가에서 핵무기를 사용함으로 결국 세계 3차 대전으로 비화되어 삼분의 일이라는 많은 사람들이 죽게 된다는 말이다.

관용어적으로 사자의 입에서 나온 핵무기로 3분의 1이나 되는 사람들이 죽게 된다.

말의 머리와 꼬리

계시록 9장 19절을 보면 "이 말들의 힘은 입과 꼬리에 있으니 꼬리는 뱀 같고 또 꼬리에 머리가 있어 이것으로 해하더라." 하고 있는데 본 장 17, 18절이 말들의(첨단무기) 머리인 사자(핵무기)에 대한 설명이었다면 본 절은 이 첨단무기와 핵무기를 움직이는 배후 조종자가 누구인지를 설명하고 있는 절이다.

우리가 여기서 기억하고 넘어 갈 것이 하나 있는데 그것은 계시록 6장과 본 장과 계시록 19장에 '말'이 나오면 반드시 '말 탄 자'가 함께 나온다는 사실이다. 왜냐하면 '말'의 배후에는 언제나 그 말을 조종하는 말 탄자가 있기 때문이다. 본 절에서도 이 '말'을 배후에서 조종하는 자가 있는데 그들은 바로 마귀의 삼위일체인 용과 적그리스도와 거짓 선지자이다. 그 중에서도 본 절에서는 적그리스도와 거짓 선지자를 말한다.

"이 말들의 힘은 입과 꼬리에 있으니" 하고 있는데 여기서 '힘'이라는 말이 '엑수시아'라 해서 '권세'인 통치자를 말한다. 즉 이 '말들'인 첨단무기를 움직이는 존재는 '권세' 있는 자라는 것이다. 그래서 공동번역에서는 '힘의 근원은'으로 해석하고 있다. 즉 첨단무기를 움직이는 힘의 근원이 입과 꼬리라는 말이다. 그런데 이사야 9장 15절을 보면 "그 머리는 곧 장로와 존귀한 자요(적그리스도) 꼬리는 곧 거짓말을 가르치는 선지자라." 라 하며 입은 장로와 존귀한 자라 하며 존귀한 자는 적그리스도를 말하고 있고, 꼬리는 거짓 선지자라 하고 있다. 그러므로 이는 계시록 13장에서 말하는 두 짐승을 말하는데 이 두 짐승이 바로 첨단 무기를 움직이는 권세 있는 자라는 뜻이다.

"이 말들의 힘은 입과 꼬리에 있으니 꼬리는 뱀 같고 또 꼬리에 머리가 있어 이것으로 해하더라." 하고 있는데 여기서 보면 입인 적그리스도가 사람을 해하는 것이 아니라 꼬리가 해하더라 하고 있는데 이는 계시록 13장 11~15절을 보면 후 삼년 반에 적그리스도가 사람들을 많이 해치는 것이 아니라 두 번째 짐승인 거짓 선지자가 사람들을 많이 해치는 것 같이 본 절도 두 번째 짐승이며 꼬리인 거짓 선지자가 많은 사람들을 해친다고 하고 있다. 이 부분은 저의 책 계 13장을 반드시 참고하라.

본 절을 보면 "말들의 힘은 입과 꼬리에 있으니 꼬리는 뱀 같고 또꼬리에 머리가 있어" 라고 되어 있는데 이 말을 정리하면 다음과 같다. 말들에게는 말의 머리와 말의 꼬리가 있는데 그런데 그 말의 꼬리 모양이 다시 뱀처럼 생겼다는 말이다. 뱀에게는 머리가 있고 꼬리가 있다. 그런데 본 절에서는 이 뱀의 꼬리는 설명하지 않고 뱀의 머리를 다시 설명하고 있다. 말씀드렸듯이 이 뱀의 머리는 거짓 선지자를 말한다. 그렇다면 왜 뱀의 머리가 거짓 선지자냐는 것이다. 뱀은 하와를 타락시킨 동물로 술책과 궤휼에 능한 동물이다. 다시 말해 잘 속이는 동물이다. 거짓 선지자라는 뜻이 잘 속이는 자라는 뜻인 것 같이 뱀도 잘 속이는 존재이다.

그러므로 뱀과 거짓 선지자는 잘 속이는 존재이다. 그러므로 거짓 선지자를 표현하는 말 중에 가장 걸 맞는 동물이 바로 뱀인 것이다. 그래서 거짓 선지자를 간사한(속이는) 뱀의 머리로 표현한 것이다.

관용어적으로 첨단 무기를 움직이는 존재는 바로 말의 머리인 적그리스도와 꼬리이며 뱀인 거짓 선지자이다.

죽지 않고 살아난자들이 우상 숭배를 회개하지 않음

계시록 9장 20절을 보면 "이 재앙에 죽지 않고 남은 사람들은 손으로 행한일을 회개하지 아니하고 오히려 여러 귀신과 또는 보거나 듣거나 다니거나 하지 못하는 금, 은, 동과 목석의 우상에게 절하고" 있는데 여기서 이 재앙에 죽지 않고 남은 사람들이란 세계 3차 대전에서 살아남은 불신자를 말한다. 본 절 20절은 하나님께 우상 숭배로 지은 죄를 말하는 것이고 본 장 21절은 사람에게 지은 죄를 말한다.

"손으로 행한 일을"이라고 했는데 이렇게 손으로 행한 일이란 우상을 만드는 것을 지칭한다(신 4:28). 그러므로 본문은 자기 손으로 만든 우상을 자기가 숭배하는 것을 말한다.

'회개하지 아니하고' 하며 회개라는 말이 나오면 계시록에서는 아직 기회가 있다는 말로 쓰인다. 주님은 부자와 나사로의 비유에서 말씀하신 것 같이(눅 16:31) 죽었던 자가 살아나서 예수 믿을 것을 강권해도

50 · 하존 요한 계시록 3

악인은 복음을 받아들이지 않는다고 하신 것 같이 본 절을 보면 이 때는 이미 후 삼년 반으로 3차 대전으로 3분의 1의 사람들이 죽었고, 또한 두 증인의 부활을 목격하고(계 11:12) 그 소식을 들었음에도 불구하고 그들은 여전히 회개하지 않고 믿지 않는 것을 볼 수 있다. 그럼에도 불구하고 하나님은 이들이 지상 재림하시는 순간까지 회개하기를 바라고 계심을 알 수 있다.

"오히려 여러 귀신과 또는 보거나 듣거나 다니거나 하지 못하는 금, 은, 동과 목석의 우상에게 절하고" 이렇게 하나님께서 회개의 기회를 주었지만 악인들은 오히려 더 우상 숭배에 몰두하게 된다. 그런데 여기서 '우상들'에 해당하는 헬라어 '에이돌라'는 '형상, 모습'을 뜻하는 '에이돌론'에서 파생되었고 이 말은 다시 '보이는 것, 형상'이라는 '에이도스'에서 유래가 된 말로 금이나 은, 동, 돌, 혹은 나무로 만든 '귀신의 형상'을 가리킨다(요일 5;21). 그런데 이들이 이렇게 3차 대전이라는 환난과 두 증인의 부활을 목격하고도 우상 숭배(형상숭배)를 버리지 않은 이유는 계시록 13장 15절을 보면 짐승이 우상에게 생기를 주어 말 하게 하는 기적을 보았기 때문이다.

관용어적으로 죽지 않고 살아 남은 자란 3차 세계 대전에서 살아남은자를 말하고 이들이 우상 숭배를 회개하지 않은 이유는 우상 이 말하는 것을 보았기 때문이다.

사람에게 지은 죄를 회개하지 않은 이유는

계시록 9장 21절을 보면 "또 그 살인과 복술과 음행과 도둑질을 회개하지 아니하더라." 하고 있는데 20절에 언급된 것이 우상 숭배로 하나님께 대한 죄악이라면 본 절에 언급된 것들은 사람에 대한 죄악으로 복술을 제외하고는 출애굽기 20장 3~15절에 기록된 십계명의 후반부에 언급되어 있는 것들이다. 이렇게 하나님을 믿지 아니하는 자들은 우상 숭배를 행할 뿐 아니라 이처럼 사람과의 기본적인 도덕도 지키지 않는 죄를 짓게 되는 것이다.

'복술'에 해당하는 헬라어 '팔마케이온'은 마법사를 뜻하는 '팔마콘'에서 유래한 말로 '마약, 마술, 술수, 마법사'를 의미하고, '음행'은 '폴네이아스' 매음을 말하는데 매음이란 매춘을 말하는 것이다. '살인'은 '프호논'으로 '살해하다'라는 말로 사람을 죽이는 것을 말하고, '도적질'은 '클렘마톤'으로 도둑질을 의미한다. 그런데 이들이 이렇게 회개하지 않은 이유는 계시록 13장 15절 때문이다.

관용어적으로 20절은 우상 숭배로 하나님을 대적한 죄를 말하고 본 절은 사람에게 지은 죄를 말한다.

하존 요한 계시록 3

제 2 강

계시록 10 장

Ⅰ 계 10 장

구름을 입고 강림한 천사와 해와 불기둥

계시록 10장 1절을 보면 "내가 또 보니 힘 센 다른 천사가 구름을 입고 하늘에서 내려오는데 그 머리 위에 무지개가 있고 그 얼굴은 해 같고 그 발은 불기둥 같으며" 하고 있는데 계시록 10장은 여섯째 나팔인 계시록 9장 13절~11장 14절 사이에 있는 삽입 장으로 계시록 10장 7절로 볼 때 7번째 나팔을 염두해 둔 폭풍전야(7대접 재앙)를 알리는 말씀이다. 즉 7번째 나팔 재앙은 7대접 재앙을 부르는 신호이기 때문이다.

'내가 보니' 라는 말은 환상전환 관용구이고, '힘 센 다른 천사가' 라는 헬라어는 '알론(다른) 앙겔론(천사) 이스퀴론(힘, 강력한) 카타바이논타(내려오다)'라는 말로 '힘센 다른 천사'를 말하는데 혹자는 이 천사가 구름, 무지개, 해, 불기둥을 가졌다고 해서 예수님이라하는데 예수님은 천사가 아니다. 그런데 본 절에서는 '앙렐론'인 천사로 되어 있기에 이 천사는 예수님이 아닌 힘의 천사인 미가엘 천사장을 말한다.

"구름을 입고 하늘에서 내려오는데" 이 말의 헬라어는 "카타바이논

타(내려오다) 에크(~~으로부터, 밖으로) 투 우라누(하늘) 페리베블레메논(페리발로=울타리나 옷을 입다) 네펠렌(구름)"라는 말로 '구름을 울타리로 하여 하늘 밖으로 내려오다.' 라는 말이다. 여기서 구름이라는 말은 안개를 말하는데 구약에서 구름은 신의 옷을 상징하는 관용어로 거룩한 임재를 말하는 단어이다. 그러므로 예수님이 아닌 천사가 예수님처럼 구름을 입고 강림하는 것은 예수님의 권한을 가지고 강림한다는 뜻으로 이 천사가 큰일(계 16장)에 관여할 것을 예고하는 말이다.

또한 "내려오는"과 같이 강림을 말하는 단어가 세 가지가 있는데 그것은 '파루시아'와 '엘코마이'와 '카타바이노'인데 파루시아는 지상강림인 재림을 말하고, 엘코마이는 공중 재림을 말하고, 카타바이노는 천사의 강림을 말한다. 그런데 본 절은 카타바이노로 되어 있다.

또한 '그 머리 위에 무지개가 있고' 라는 말의 헬라어는 '헤 이리스(무지개) 에피(위에) 테스 케팔레스(머리)'라는 말로 '머리 위에 무지개'가 있다는 말인데 여기서 "무지개"는 약속의 실행을 말하는 관용어이다. 그러므로 이는 하나님께서 약속하신 종말에 대한 약속을 이제 본격적으로 시행할 것을 예고하는 말이다(16장).

또한 '그 얼굴은 해 같고' 하고 있는데 이 말의 헬라어는 '토 프로소폰(얼굴) 아우투(대명사) 호스(같은) 호 헬리오스(해, 구원)'라는 말로 여기서 '해'는 '구원'이라는 뜻을 가지고 있고, '~~같고'는 은유법으로 실제는 해가 아닌데 해로 비유하고 있다는 말이다. 그러므로 이 천사가

제 2 강 · 55

얼굴이 해 같다는 말은 하나님의 구원의 복음인 꿀 복음을 가지고 있다
는 말로 그 꿀 복음은 본 장 7절로 볼 때 16장을 의미한다. 왜냐하면 7
째 나팔 재앙이 7대접 재앙을 부르는 재앙이기 때문이다. 나팔 재앙은
시작을 알리는 재앙이기에 7번째 나팔 재앙은 7대접 재앙의 시작을 알
리는 나팔이 되는 것이다. 그런데 계시록 16장의 7대접 재앙은 불신자
에게만 내리는 재앙이기에 후 삼년 반에 남아 있는 성도들에게는 곧 천
년왕국에 들어갈 준비를 하라는 신호(7번째 나팔재앙)이기에 꿀 복음
이 되는 것이다.

또한 '그 발은 불기둥 같으며' 라는 말의 헬라어 "호이(그) 포데스(
발) 아우투(대명사) 호스(같은) 스튈로이(기둥) 퓌로스(불)"는 '불기둥같
은 그 발'이라는 말로 이는 발이 불기둥 같다는 뜻이다. 불기둥은 주석
을(계 1:15) 말함으로 이는 심판에 대한 내용이 담겨져 있는 쓴 복음을
말하는데 그 쓴 복음은 7절로 볼 때 7째 나팔 재앙을 의미한다. 왜냐하
면 7째 나팔 재앙이 7대접 재앙을 몰고 오기 때문이다. 그런데 7대접재
앙은 불신자에게만 미치는 재앙이기에 이는 쓴 복음이다. 여기서 일곱
째 나팔이 일곱 대접재앙을 몰고 온다는 말은 일곱 번째 나팔이 불면곧
바로 일곱 대접재앙이 시작된다는 말이다.

관용어적으로 예수님의 모습으로 천사가 강림했다는 것은 예수님의
권한을 가지고 왔다는 말이고, 그 머리 위에 무지개가 있고 그 얼굴은
해 같고 그 발은 불기둥 같다는 말은 꿀 복음과 쓴 복음(7대접 재앙)을
이제 시행하신다는 말이다.

오른 발은 바다를 밟고 왼 발은 땅을 밟고

계시록 10장 2절을 보면 "그 손에는 펴 놓인 작은 두루마리를 들고 그 오른 발은 바다를 밟고 왼 발은 땅을 밟고" 하며 '그 손에는 펴 놓인 작은 두루마리를 들고 있다.'고 하는데 이 말의 헬라어는 '카이 에콘(소유) 엔(위에, 에) 테 케이리(케일=손) 아우투(대명사) 비블라리디온(한입에 삼킬 만한 작은 책) 에네오그메논(아노이고=열다)'이라는 말로 '그 손 위에 한입에 삼킬 만한 작은 책이 열려 있었다.'라는 말이다. 손에 책이 펴 있다는 것은 이미 그 내용이 누구나 볼 수 있게 계시(공개)되어 있다는 뜻이다.

한편 '펴놓인'이라는 말은 헬라어 '에네오그메논'은 '아노이고'의 완료 분사로 그 내용이 원하는 사람들에겐 누구에게나 볼 수 있게 공개되었음을 암시하는 말이다. 계시록 5장 1절을 보면 하나님도 오른손에두루마리를 가지고 있다고 했는데 본 절의 천사의 모습도 이와 비슷하므로 이 천사는 하나님의 전권대사인 천사임을 알 수 있다.

또한 두루마리라는 '비블라디온'은 미니 책으로 크기가 아주 작아 10절을 보면 이 책을 요한이 한입에 삼킬 정도로 작았다고 하고 있다. 그런데 이 비블라디온은 다른 성경에 나타나지 않는 독특한 낱말로서 초기 헬라어에서도 전혀 쓰이지 않았던 용어로 요한이 새로 창조해서 만든 말이라 한다. 계시록 5장의 하나님의 오른손에 있는 두루마리에 담겨져 있는 내용이 계시록 6장부터 계시록 8장 5절인 7인 재앙에 대한 내용이었다면 본 절의 미니 책에 담겨져 있는 내용은 계시록 16장의 내용이다.

'그 오른 발은 바다를 밟고' 하고 있는데 이 말의 헬라어는 '에데켄(티데미=내려놓다) 톤 포다(푸스=발) 아우투(대명사) 톤 덱시온(오른쪽) 에피(위에) 테스 달랏산(바다)'라는 말로 '바다 위에 그 오른쪽 발을 내려 놓았다.'라는 말인데 바다는 관용어적으로 세상을 말한다. 그리고 밟는다는 말은 1절의 불기둥의 발로 밟는 것을 말한다. 그러므로 이는 이 세상을 주석으로 달구어진 발로 뭉개 버린다는 뜻으로 심판을 뜻하는 말이다. 이는 계시록 16장의 대접 재앙으로 세상(이 땅)을 뒤집는 것을 말한다.

'왼 발은 땅을 밟고' 라는 말의 헬라어는 '유오뉘몬(왼쪽) 에피(위에) 테스 게스(땅)'라는 말로 이는 '왼쪽 발은 땅을 밟고' 있다는 말이다. 그런데 땅엔 사람이 많다. 그래서 땅은 군중을 상징하는 관용어로 땅을 밟았다는 말은 군중을 심판한다는 말로 계시록 16장 자연과 태양 불로 불신자들을 심판하는 것을 말한다.

관용어적으로 천사가 세상과 군중을 밟았다는 말은 계시록 16장으로 세상과 군중을 심판한다는 뜻이다.

일곱 우레

계시록 10장 3절을 보면 "사자가 부르짖는 것 같이 큰 소리로 외치니 그가 외칠 때에 일곱 우레가 그 소리를 내어 말하더라." 하며 "사자가 부르짖는 것 같이 큰 소리로 외쳤다."고 하는데 본 절의 사자는 생물 천사가 아니라 미가엘 천사장이 사자처럼 크게 포효했다는 말로 이는 큰 소리로 말했다는 뜻인데 이는 내 말을 잘 들으라는 의미이다.

한편 '부르짖는'에 해당하는 헬라어 '뮈카타이'는 '포효하다, 으르렁거리다'라는 말로 이는 소의 울음, 사자의 울부짖음을 표현하는 말이다. 이는 하나님의 음성에 사용되기도 하였고(호 11:10;암 3:8.요12:29), 선지자들이 자주 사용한 것으로 (사 42:13;렘 25:30;욜 3:16; 암 1:2) 자기가 전하는 메시지를 주목해서 주의 깊게 들으라는 뜻이다.

"일곱 우레가 그 소리를 내어 말하더라."라는 말의 헬라어는 '엘랄레산(랄레오=말하다) 하이(그) 헵타(7) 브론타이(번개, 번개치다) 타스 헤아우톤(재귀 대명사, 그) 포나스(포호네=소리)'로 그 뜻은 '그 자신의 소리로 일곱 번개가 말했다.' 라는 말로 이는 일곱 우레가 단순히 일곱 번 반짝이며 소리를 냈다는 말이 아니라 일곱 우레 천사를 말하는 말이다. 즉 일곱 우레 천사가 하나님을 대신해 말하는 미가엘 천사장의 말을 듣고 응답했다는 말이다. 왜냐하면 말하다라는 말의 '엘랄레산'이 번개 치는 것을 말하는 것이 아니라 우리가 말하는 것 같이 말하는 것을 의미하는 말이기 때문이다. 그래서 4절 역시 일곱 우레가 말했다고 하며 요한이 이 말을 받아 적으려 했다고 나오는 것이다. 그러므로 여기서 일곱 우레는 천사를 말하는 것이고, 그들이 말했다는 말은 메시지를 전달했다는 뜻이다. 그래서 요한복음 12장 28, 29절을 보면 "아버지여 아버지의 이름을 영광스럽게 하옵소서 하시니 이에 하늘에서 소리가 나서가로되 내가 이미 영광스럽게 하였고 또다시 영광스럽게 하리라 하신대, 곁에 서서 들은 무리는 우레가 울었다고도 하며 또 어떤 이들은 천사가 저에게 말하였다고도 하니" 하며 우레 소리를 하나님 아버지의 소리 또는 천사의 소리로 표현하고 있다.

관용어적으로 미가엘 천사장이 큰 소리 말한 것은 내 말을 잘 들으라는 말이고, 일곱 우레는 일곱 우레 천사를 말한다.

인봉하고 기록하지 말라

계시록 10장 4절을 보면 "일곱 우레가 말을 할 때에 내가 기록하려고 하다가 곧 들으니 하늘에서 소리가 나서 말하기를 일곱 우레가 말한 것을 인봉하고 기록하지 말라 하더라." 하고 있는데 3절에서 말씀드렸듯이 일곱 우레는 일곱 우레 천사를 말한다. 계시록에서 우레 소리, 사자 소리, 물 소리는 그냥 포호네(소리)가 아닌 하나님의 계시의 메시지가 들어 있는 소리인데 우레 소리는 시편 29장 3절을 보면 다윗은 이 소리를 하나님의 진노의 소리라 말한다. 그러므로 우레 천사가 한 말은 하나님의 진노의 메시지 또는 종말의 시간표가 기록되어 있는 소리이다.

'하늘에서 소리가 나서 말하기를' 하는데 이 소리는 예수님의 소리이다. 왜냐하면 계시록 1장 19절에서 계시록을 기록하라 한 분이 예수님 이시기에 기록하지 말라 하신 분도 예수님이실 것이기 때문이다.

한편 '인봉하고'라는 말의 헬라어 '스프라기손'은 '인봉하다, 숨기다'라는 뜻으로 본 절 이외에 계시록 22장 10절에서도 나타난다. 또한 "기록하지 말라 하더라."는 말의 헬라어는 "메(결코 ~하지 말라) 아우타(지시대명사) 그랍세스(기록하다)"라는 말로 '결코 그것을 기록하지 말라'는 말이다. 이는 요한이 일곱 우레의 메시지를 들었지만 공개되어서는 안 되기 때문에 금하신 것이다.

관용어적으로 인봉하고 기록하지 말라고 말씀하신 분은 예수님이시고 기록하지 말아야 할 이유는 종말의 시간표가 구체적으로 기록되었거나 하나님의 진노의 소리 같은 민감한 사항이 들어 있었기 때문이다.

맹세

계시록 10장 5절을 보면 "내가 본 바 바다와 땅을 밟고 서 있는 천사가 하늘을 향하여 오른손을 들고" 하고 있는데 이렇게 '손을 드는 것'은 고대 이스라엘에서 맹세할 때 하는 행위였는데 요한은 바로 이런 관습에 빗대어 천사의 맹세 행위를 묘사하고 있다. 이러한 행위는 아브라함이 소돔 왕이 주는 전리품을 거절할 때와 모세의 노래에서 하나님 스스로 하시는 맹세, 다니엘서에서 세마포를 입은 이가 맹세하는 모습에서 나타난다(창 14:22;신 32:40;단 12:7). 그런데 이렇게 바다와 땅을 밟고서 있는 천사가 맹세한 것은 아무리 쓴 복음의 재앙이 커서 불신자들이 죽는다 해도 계시록 16장은 반드시 성취 될 것이라는 의미에서 한 것이다.

관용어적으로 이스라엘에서는 맹세할 때 하늘을 향하여 오른손을 들고 하는데 이는 아브라함에게서 유래되었다.

지체하지 아니하리라

계시록 10장 6절을 보면 "세세토록 살아 계신 이 곧 하늘과 그 가운데에 있는 물건이며 땅과 그 가운데에 있는 물건이며 바다와 그 가운데에 있는 물건을 창조하신 이를 가리켜 맹세하여 이르되 지체하지 아니하리니"하고 있는데 여기서 '세세토록 살아계신 이'는 영원히 지존하신하나님을 말한다.

"곧 하늘과 그 가운데에 있는 물건이며 땅과 그 가운데에 있는 물건이며 바다와 그 가운데에 있는 물건을 창조하신"이라고 하고 있는데 이세세토록 살아 계신 이분이 누구냐면 바로 천지를 창조하신 하나님이시라는 것이다. 그런데 여기서 물건이라는 말이 헬라어 정관사 '타'로되어 있는데 이 정관사 '타(물건)'는 뒤에 있는 '에크티센(크티조=창조)'를수식하고 있다. 그러므로 물건이라는 '타(물건)'가 하나님에 의해 '에크테센(창조)' 되었다는 말이다. 그러므로 하늘과 그 가운데 있는 물건은 '해달별'을 말하는 것이고, 땅과 그 가운데 있는 물건은 '자연과 동식물'을 말하고, 바다와 그 가운데 있는 물건은 '바다생물'을 말하는 것이다.

'창조하신 이를 가리켜 맹세하여 이르되' 이렇게 하나님을 가리켜 맹세하는 것은 맹세의 최상급을 나타내는 것으로(마 5:34~36) 이는 맹세한 것이 한 치의 오차나 어긋남이 없이 그대로 이루어 질 것이라는 뜻이다. 그런데 여기서 '맹세하다' 라는 말이 헬라어 '오모센'으로 이 말은 '옴뉘오(맹세하다, 선서하다)'에서 유래한 말로 선서를 말한다.

오늘날도 운동경기에서 정정당당하게 경기에 임할 것을 오른손을 들고 선서를 하는데 이 선서가 아브라함으로부터 유래되어 지금까지 사용 되고 있는 것이다.

'지체하지 아니하리니' 하고 있는데 이 말의 헬라어는 '호티(왜냐하면) 크로노스(시간) 우크(결코~않는다) 에스타이(될 것이다, 일 것이다) 에티(더이상, 아직)'라는 말로 '왜냐하면 시간이 결코 더 이상 없을 것이기 때문이다.' 라고 되어 있다. 여기서 시간이라는 말이 하나님의 시간인 카이로스가 아닌 사람의 시간인 크로노스로 되어 있다. 이는 진짜 시간이 얼마 남지 않았다는 뜻으로 7절을 보면 이 지체하지 않는다는 사건은 7째 나팔 재앙을 의미한다. 왜냐하면 7째 나팔을 불면 이제 7대접 재앙이 시작되기 때문이다.

관용어적으로 이렇게 천지를 창조하신 하나님께 바다와 땅을 밟고 있는 천사가 맹세한 내용은 7째 나팔 재앙이 곧 올 것이라는 내용인데 이는 곧 7대접 재앙이 곧 시작된다는 말이다.

하나님의 비밀

계시록 10장 7절을 보면 "일곱째 천사가 소리 내는 날 그의 나팔을 불려고 할 때에 하나님이 그의 종 선지자들에게 전하신 복음과 같이 하나님의 그 비밀이 이루어지리라 하더라." 하고 있는데 본 절을 보면 계시록 10장의 키워드(핵심)가 나온다. 즉 계시록 10장을 기록한 목적이 나온다. 그 목적은 일곱 번째 천사가 나팔을 불면 선지자들이 이 땅의 심판에 대하여 예언했던 비밀인 대접재앙이 곧 시작된다는 말이다.

나팔은 시작을 알리는 신호이다. 그래서 나팔을 불자 형벌이 시작되어 예루살렘 포위와 점령과 바벨론 멸망과 세계 전쟁이 시작되었다. 그러므로 7번째 나팔도 시작을 알리는 신호이기에 이는 곧 7대접 재앙을 부르는 신호인 것이다. 여기서 일곱째 나팔이 일곱 대접재앙을 부르는 신호라는 말은 일곱 번째 나팔이 불리면 곧바로 일곱 대접재앙이 시작된다는 말이다.

"하나님이 그의 종 선지자들에게 전하신 복음과 같이 하나님의 그 비밀이 이루어지리라 하더라." 하고 있는데 이 말의 헬라어는 '카이 텔레스데(텔레오=끝마치다, 완수하다) 토 뮈스테리온(비밀) 투 데우(하나님), 호스(같은) 유앙겔리센(복음) 토이스(정관사) 헤아우투(재귀대명사=그 자신) 둘루스(종) 토이스(관사) 프로페타스(선지자)'라고 되어 있다.

여기서 선지자들은 사대 대선지서와 십이 소선지서를 말하는데 그 내용은 이스라엘 멸망과 바벨론 멸망과 대접재앙과 아마겟돈 전쟁과 천년왕국(성전건축)과 새 하늘과 새 땅을 말한다. 그 중 이미 계시록 9장을 통해 이스라엘 멸망과 바벨론 멸망이 이루어졌기에 이 비밀은 곧 다가올 대접재앙을 의미한다. 그러므로 본 절에서 말하는 비밀은 대접재앙을 말하고 천사가 손에 가지고 있는 미니책의 내용도 대접재앙을 말한다. 왜냐하면 본 절 7절의 시작이 접속사 '알라(정말, 그러나, 그리고)'로 시작되기 때문이다.

접속사 "알라"는 우리가 보는 성경에서는 빠져 있지만 헬라어 원어에서는 포함되어 있는데 그 뜻은 '정말, 그리고, 그러나'로 되어 있는데 이는 더 이상 지체하지 않고 곧 임할 종말의 긴박성을 강조하는 접속사이다. 그러므로 6절 7절을 접속사 '알라'를 넣고 해석을 하면 "지체하지 아니하리라 정말로(알라) 일곱째 천사가 소리 내는 날 그의 나팔을 불려고 할 때에 하나님이 그의 종 선지자들에게 전하신 복음과 같이 하나님의 그 비밀이 이루어지리라 하더라." 하며 틀림없이 지체하지 않고 곧 이루신다는 말이 된다. 그러므로 이렇게 곧 이루어지는 재앙은 일곱대접 재앙인 것이다.

관용어적으로 7번째 나팔은 7대접을 부르는 신호이고(일곱 대접 재앙이 곧바로 시작된다는 말이다), 비밀은 미니 책의 내용으로 7대접 재앙을 말한다.

복음의 유래(유앙겔리온)

계시록 10장 7절을 보면 "일곱째 천사가 소리 내는 날 그의 나팔을 불려고 할 때에 하나님이 그의 종 선지자들에게 전하신 복음과 같이 하나님의 그 비밀이 이루어지리라 하더라." 하고 있고, 마가복음 1장 1절을 보면 "하나님의 아들 예수 그리스도의 복음의 시작이라." 하며 복음이라는 말이 나오는데 복음이란 헬라어로 '유앙겔리온'이라는 말로 그 유래를 살펴보면 그리스가 페르시아를 정복할 때로 거슬러 올라간다.

BC 538년 페르시아는 바벨론 제국을 정복하고 세계제국의 권좌에 오른다. 그동안 바벨론이 지배하였던 많은 나라들을 페르시아가 인수하고 행정구역 개편, 납세부과 등 새로운 정책으로 통치를 확고히 한다. 그후 페르시아는 지배 영역을 더욱 넓히기 위하여 먼 지방까지 자주 원정을 나가기도 했는데 어느 날 백만 대군을 이끌고 아시아 지역을 벗어나 마게도니아(유럽)로 진출하여 거기에서 그리스를 만나게 된다. 당시 그리스는 규모가 작은 나라였기 때문에 페르시아 대군을 대항하기에는 역부족이었다. 그러나 그리스 남자들은 페르시아와 대항하여 싸우다가 죽기로 최종 결정하고 모두 전쟁터로 나가 맞섰다. 당시 전쟁에서 대항하지 않고 항복하면 민족이 멸망하지는 않았지만 만약 대항하였다가 패하면 그 결과는 참혹한 멸망 외에는 아무것도 없었다. 개인들의 재산은 모조리 약탈당하고, 건물들과 도시들은 불에 타 폐허가 되었다. 모든 남자들은 칼에 죽을 것이고, 여자들과 아이들은 붙잡혀 죽거나 노예로 팔려갔다.

그리스가 페르시아를 대항하여 이길 가능성은 없었다. 이제 페르시아에 의하여 그리스가 종말을 맞는 것은 시간문제였다. 사람들은 삶을 포기하고 무서운 죽음의 종말을 기다려야 했고 더러는 들이나 산속으로 피난하여 거기에서 죽는 날을 기다리고 있었다. 그런데 전쟁이 시작된 지 한 달이 넘었지만 아무 이상이 없었다. 전쟁터의 소식은 캄캄하였고 그리스 주민들은 매일 불안과 두려움과 함께 마음을 졸이고 있었다. 어느 날 전쟁터 쪽에서 멀리 한 군사가 달려오는 모습이 보였다. 그리스 아테네 사람들은 불안한 마음으로 다가오는 그 군인을 지켜보았다. 42 킬로가 넘는거리에서 달려온 그 병사는 죽을힘을 다해 비틀거리며 가까이 다가오고 있었다. 그는 동포들 앞에 다가와서는 힘없이 쓰러지면서 "승리는 우리에게" 이 한마디를 외치고 그대로 숨을 거두었다(이 병사를 기념하기 위해 마라톤이 생긴 것이다). 이 기쁜 소식을 들은 사람들이 "유앙겔리온" 하며 외치기를 시작하였고, 그들은 이 기쁜 소식을 다른 사람들에게 알리면서 큰 소리로 "유앙겔리온" 하며 즐거워했다. 이때의 전쟁을 역사에서는 필로폰네서스 전쟁이라 하는데 그 후 그리스 왕 알렉산더가 BC 331년에 페르시아를 정복함으로써 그리스는 대제국이 된다. 복음이란 뜻의 "유앙겔리온"은 "유"는 기쁨이란 뜻이고, '앙겔리온'은 천사란 뜻으로 이 두 단어를 합성하면 "기쁜 소식을 전하는 천사"란 뜻이 된다. 이 단어는 그들이 그 때의 그 기쁜 소식을 전해준 그 병사를 생각하며 즐겨 사용했던 새로 창조된 단어였다.

이후 '유앙겔리온'이란 단어는 '기쁜 소식을 전하는 자'라는 의미로 사용되기 시작해, '좋은 소식을 전하는 자에게 주어지는 보상'을의미하는 단어로 발전하게 된다. 이후 로마가 세계를 지배하면서 이 '유앙겔리온'이란 단어는 새로운 황제가 등극할 때, 황제가 죄수를 사면하거나, 결혼하거나 아들을 낳았다는 소식을 듣거나, 전쟁에서 승전보를 접했을 때나, 황제가 자기가 다스리는 국가나 도시를 방문할 때 백성들은 '유앙겔리온'이라고 외쳤다. 왜냐하면 새로운 황제가 등극하면 일반 죄수들에게 특별사면을 시행하며, 신하들과 시민들은 기념 하사품이나 선물, 특식 등의 보상을 받을 수 있는 기쁜 소식이었기 때문이었다. 이후 초대교회에서는 예수님의 구원의 복음이 너무나 크고, 위대하고, 신비롭고, 기쁘기 때문에 세상의 일반적인 기쁨과 구별하기 위하여 기원전 350년 전 한때 그리스인들이 즐겨 사용했던 "유앙겔리온"이라는 단어를 도입해 복음이라는 말로 사용했다.

관용어적으로 복음이란 세상의 기쁜 소식과 구별되는 크고 위대한 큰 기쁨을 주는 소식이며, 또한 이 소식을 전하는 자에게는 반드시 보상이 있다는 뜻을 가지고 있다.

예수님이 두루마리를 가지라함

계시록 10장 8절을 보면 "하늘에서 나서 내게 들리던 음성이 또 내게 말하여 이르되 네가 가서 바다와 땅을 밟고 서 있는 천사의 손에 펴놓인 두루마리를 가지라 하기로" 하며 4절에 이어 두 번째로 하늘에서 예수님의 음성이 들렸는데 이렇게 하늘에서 음성이 들리는 것은 미션(특명)이 주어지는 것을 의미한다. 그 미션은 바다와 땅을 밟고 서 있는 천사의 손에 있는 미니 책을 먹으라는 명령이다.

그런데 본 장을 보면 '바다와 땅을 밟고 서 있는 천사'라는 말이 2절과 5절에 이어 본 절에서 또다시 반복되고 있다. 유대인들에게 있어수는 단순히 숫자가 아닌 관용어이다. 특별히 삼은 삼위일체의 수로 그중요성이 더 강조된다. 그런데 본 장에서 이렇게 세 번씩이나 반복해서말하고 있다는 것은 이 천사의 손에 가지고 있는 미니 책과 그 내용이 그만큼 중요하다는 뜻이다. 왜냐하면 마지막 땅을 리모델링(재정비)하는작업이 바로 계시록 16장 7대접 재앙에서 이루어지기 때문이다.

"두루마리를 가지라 하기로" 하고 있는데 계시록 5장이 하나님의 오른 손에 있는 두루마리를 예수님이 취했다면 계시록 10장은 미가엘 천사가 가지고 있는 미니 책을 요한이 취했다. 이는 어떤 중요한 것을 시사하는 행위 이다. 구약에서 하나님의 말씀을 취한다든가 먹는다든가 하는 것은 하나님의 직통계시를 말하는 관용어이다. 그러므로 이렇게 요한이 책을취했다는 것은 지금 이 대접재앙에 대한 계시가 틀림없이 성취되는 삼위일체 하나님의 직통계시라는 뜻이다.

관용어적으로 세 번 반복해서 말한 것은 강조용법으로 그 만큼 중요하다는 뜻이고, 그것을 취했다는 말은 이 계시가 삼위일체 하나님의 직통 계시라는 말이다.

천사가 두루마리를 먹으라 함

계시록 10장 9절을 보면 "내가 천사에게 나아가 작은 두루마리를 달라 한즉 천사가 이르되 갖다 먹어 버리라 네 배에는 쓰나 네 입에는 꿀 같이 달리라 하거늘" 하며 예수님이 요한에게 천사가 가지고 있는 두루마리를 가지라 해서 요한이 바다와 땅을 밟고 서 있는 천사에게 그 미니 책을 달라 했다. 그랬더니 천사가 말하길 이것을 먹으라 하며 이것을 먹으면 네 배에서는 쓸 것이나 네 입에서는 달 것이라 했다. 이렇게 책을 먹는 행위는 에스겔 2장 8절~3장 3절을 관용어적으로 반영한 것으로 10절에서 구체적으로 설명하도록 하겠다. 여기서 관용어적으로 반영했다는 말은 우리 나라 식으로 하면 속담 또는 격언 식으로 사용했다는 말이다. 예를 들면 "낫 놓고 기역자도 모른다."라는 말이 관용어인 속담, 또는 격언인데 그 뜻은 아무것도 모르는 사람이 아는 체 하는 것을 비꼬아 하는 말이다. 관용어적으로 반영했다는 말은 이렇게 아무것도 모르는 사람이 아는 체 할 때 속담으로 그의 무지를 전달하는 것을 말한다.

그런데 이렇게 미니 책을 먹으면 쓸 것이고 달 것이라 했는데 이는 1절에서 말씀드린 것 같이 쓴 복음과 꿀 복음을 말하는 것이다. 이렇게 쓴 복음과 꿀 복음이 기록된 장은 계시록 16장인 일곱 대접 재앙이다. 앞에서 말씀드렸듯이 대접재앙은 후 삼년 반에 휴거되지 못하고 남겨진 성도들에 대한 재앙이 아니라 불신자들에 대한 재앙이기에 성도들에게 대접재앙은 꿀 복음이지만 불신자들에게 있어 대접재앙은 쓴 복음이 될것이다.

관용어적으로 본 절은 에스겔서를 관용어적으로 반영한 것이다.

꿀 복음과 쓴 복음

계시록 10장 10절을 보면 "내가 천사의 손에서 작은 두루마리를 갖다 먹어 버리니 내 입에는 꿀같이 다나 먹은 후에 내 배에서는 쓰게 되더라."하며 요한이 주님의 명령을 받고 미니 책을 취하자 바다와 땅을 밟고 서있는 천사가 미니 책을 먹으라 해서 먹었다. 그런데 이 미니 책이 얼마나 작은 책인지 요한이 한입에 삼킬 정도로 작은 책이었다. 이렇게 이 책이 한입에 먹을 만큼 작았던 이유는 계시록 16장 대접재앙만 기록되어 있었기 때문이었다.

이 내용은 에스겔 3장을 반영한 내용으로 에스겔 3장 1~3절을 보면 "또 그가 내게 이르시되 인자야 너는 발견한 것을 먹으라 너는 이 두루마리를 먹고 가서 이스라엘 족속에게 말하라 하시기로, 내가 입을 벌리니 그가 그 두루마리를 내게 먹이시며, 내게 이르시되 인자야 내가 네게 주는 이 두루마리를 네 배에 넣으며 네 창자에 채우라 하시기에 내가 먹으니 그것이 내 입에서 달기가 꿀 같더라." 하였는데 이렇게 에스겔이 책을 먹자 꿀같이 달았던 이유는 바벨론 70년 포로 생활 후 해방될 것을 말하는 예언이었기에 꿀같이 단 복음이었던 것이다.

'두루마리를 갖다 먹어 버리니' 하고 있는데 이렇게 말씀을 먹는 행위는 미니 책에 기록된 메시지가 전적으로 하나님의 직통 계시임을 말해주는 것이며 또한 요한이 하나님의 참된 사도이며 계시록인 '아포칼룝시스(계시)'가 표절된 것이 아니라 삼위일체 하나님의 직통계시임을 강조하는 말로 이렇게 말씀을 먹는 행위는 에스겔 이후 생긴 문화이다.

"내 입에는 꿀같이 다나 먹은 후에 내 배에서는 쓰게 되더라." 하고 있는데 이는 앞에서 말씀드린 것 같이 계시록 16장 대접 재앙은 후 삼년반에 남겨진 성도들이 당하는 환난이 아니라 불신자들이 당하는 환난이기에 대접 재앙은 성도들에게는 꿀 복음이지만 불신자에게는 쓴 복음이되는 것이다. 이 대접 재앙 후 예수님의 지상 재림과 천년왕국이 이루어지기에 성도들에게는 꿀 복음이다. 그러나 불신자들에게는 고통과 죽음이 따르는 환난이기에 쓴 복음이 되는 것이다.

관용어적으로 말씀을 먹는 행위는 계시록이 표절되지 않은 직통 계시라는 뜻이다.

다시 예언하라

계시록 10장 11절을 보면 "그가 내게 말하기를 네가 많은 백성과 나라와 방언과 임금에게 다시 예언하여야 하리라 하더라." 하며 '그가 내게 말하길' 하고 있는데 우리 성경과 시내 사본과 알렉산드라 사본과 바틴칸 사본에는 이 말이 '레구신 모이'로 되어 있다. '레구신'은 '레고(말하다)'의 현재 능동태 직설법 복수로 '저희가 내게 말하다'라고 되어 있는데 킹 제임스 성경에는 '레게이 모이' 단수로 '저가 내게 말하다.' 라고 되어 있다. 그러나 권위 있는 사본과 우리 성경에서는 단수가 아닌 복수인 '레구신'으로 되어 있음으로 복수로 해석해야 맞다. 왜냐하면 저희인 예수님과 미니 책을 들고 있는 천사가 요한에게 말했기 때문이다.

'많은 백성과 나라와 방언과 임금에게' 라고 하는데 이 말의 헬라어는 '에피(에게, 관하여) 라오이스(라오스=백성) 카이 에드네신(에드노스=민족, 백성) 카이 글롯사이스(글롯사=방언) 카이 바실류신(임금) 폴로이스(폴뤼스=많은)'라는 말로 여기서 '에피'라는 말이 '대항하여, 전에, 관하여'라는 뜻을 가지고 있는데 본 절의 '에피'는 히브리어에서 '많은 백성들에 관하여'로 자주 번역되어 나타나기에 '관하여'로 번역해야 한다. 그럴 경우 이 말은 '많은 백성과 나라와 방언과 임금들에 관하여'로 번역이 된다. 이렇게 번역을 하면 요한의 예언의 대상이 이스라엘에게만 국한되지 않고 전 인류임을 시사하게 된다. 또한 많은 백성과 나라와 방언과 임금이라는 말은 관용어적으로 전 인류를 말하기에 요한의 예언의 대상이 전 인류임을 알 수 있다.

'다시 예언하여야 하리라 하더라.' 할 때 '다시' 라는 말이 헬라어 '팔린'으로 되어 있는데 이 말은 '다시 돌아' 라는 뜻으로 9장까지 예언했던 것 같이 11장 이후로도 계속 예언하라는 말이다. 요한은 지금까지 계시록 10장을 통해 계시록 16장의 내용이 담겨져 있는 미니 책을 다루었기에 이제 다시 원위치로 돌아와 11장부터 예언하라는 말이다.

관용어적으로 11절은 전 인류에게 9장에 이어 11장부터 다시 예언하라는 말이다.

하존 요한 계시록 3

제 3 강

계시록 11 장

| 계 11 장

성전과 제단에 거할 곳을 측량하는 요한

계시록 11장 1절을 보면 "또 내게 지팡이 같은 갈대를 주며 말하기를 일어나서 하나님의 성전과 제단과 그 안에서 경배하는 자들을 측량하되" 하고 있는데 여기서 지팡이 같은 갈대를 준 존재는 계시록 10장 1절의 바다와 땅을 밟고 있는 힘센 천사인 미가엘 천사장으로 그는 계시록 11장 1~2절을 요한에게 말했다. 또한 여기서 지팡이 같은 갈대를 주며 성전을 측량하는 행위는 에스겔 40~48장을 관용어적으로 반영한 것으로 '갈대'에 해당하는 헬라어 '칼라모스'는 물건이나 건물 같은 것을 재는 도구로 '길고 곧은 장대'를 가리킨다. 고대에서는 이 갈대는 길이를 재는 자로 사용되었다. 그래서 현대인의 성경에서는 '잣대 같은 갈대'로 번역하고 있다. 에스겔도 이 갈대로 성전을 척량하였다(겔 40:2).

한편 구약성경에서 이렇게 '측량하는 것'은 두 가지 의미를 지닌다. 첫째는 재건이나 보존을 의미했고(렘 31:39;슥 1:16;2:1~5), 둘째로는 파괴를 의미했지만(삼하 8:2;왕하 21:13;사 28:17;34:11;애 2:8;암 7:7~9), 본문에서는 인침 받은 자가 거할 곳과 인침 받지 못한자가 거할 곳을 에스겔 40~48장을 관용어적 의미로만 사용해 성전과 제단과 안뜰에 있는 성도를 보존한다는 의미로만 사용하고 있다. 그러므로 본 절의 성전이 실제로 성전을 말하는 것이 아니라 에스겔 40~48장의 의미를 관용어적으로 사용해 인침 받은 이스라엘 144.000명과 이방인들과 인침을 받지 못할 사람들이 거할 장소를 지성소, 성소, 성전 안뜰과 바깥 마당으로 분리하여 보존하는 것을 설명하기 위해 관용어적으로 도입한 것에 지나지 않는다. 관용어적 반영이란 말을 자세히 알려면 저의 책 계 10:9절을 참고하라.

'하나님의 성전'이라 했는데 여기서 '성전'이라는 말의 헬라어 '나온'은 마당과 행각을 포함한 성전 전체를 가리키는 '히에론'과는 달리 제사장들만이 들어가는 성소, 지성소를 가리킨다. 그러므로 여기서 인침을 받아 지성소에 거할 자들은 유다와 베냐민과 레위지파가 들어가고, 성소에 들어갈 지파는 유다와 베냐민과 레위지파를 제외한 흩어진 9지파가 거할 곳이고, 성전 안뜰 마당은(번제단) 전 세계의 침례 받고 성령 받은 성도들이 거할 장소이고, 바깥마당은 예수를 믿지만 물과 성령으로 거듭나지 못한 신자들과 불신자들이 거할 장소로 이들은 공중 재림에 참여하지 못하고 후 삼년 반에 남겨져 환난을 당하게 될 자들이 거하는 장소이다. 그런데 이렇게 지성소에 들어가는 이스라엘 지파와 성소에 들어가는 이스라엘 지파가 다른 이유는 남 유다인 다윗에게 속했던 지파와 북 이스라엘에 속한 지파가 다른 것을 기준으로 한다. 왜냐하면 북 이스라엘은 지성소에 들어가지 못할 온갖 범죄를 다 저질렀기 때문이다. 본 절의 제단은 번제단이 있는 곳을 말함으로 이는 성전 안

뜰을 말한다. 이 성전에 대한 자세한 설명은 바로 밑에서 다시 설명하도록 하겠다.

'그 안에서 경배하는 자들을 측량하되' 했는데 여기서 '측량하라'는 말의 헬라어 '메트레손'은 '고정된 표준에 의한 치수로 조사한다, 설계하다, 측량하다'의 뜻을 가진 '메트레오'의 1과거 명령이다. 그러므로 이 말은 두 증인이 인치기 시작하기 전에 먼저 요한을 통해 이스라엘 12지파 중 인침 받은 자가 거할 곳과 이방인 중 물과 성령으로 거듭난 자가 거할 곳을 구분해 놓고 그 곳을 보존한 상태에서 전 삼년 반이 시작되었고, 두 증인이 인치기 시작했다는 말이다. 또한 앞에서 말씀드렸듯이 12지파가 인침 받는 것은 두 증인으로부터 침례 받고 성령 받는 것을 말한다.

본 장은 계시록 10장과 마찬가지로 삽경에 해당한다. 삽경이란 사람들과의 이야기 하는 과정에서 시간이 없어 중요한 내용을 빠트렸을 때 다시 그것을 후에 디테일(구체적으로)하게 설명하는 것으로 본 장은 계시록 8장 7절~9장 11절 나팔재앙의 사건 때 두 증인이 배후에서 활동하고 있었는데 그 배후에서 활동했던 두 증인의 활동에 대하여 디테일하게 설명하는 장이다. 계시록은 오버랩(다시 돌아가 설명) 기법으로 기록되었다고 앞에서 설명했다. 지금 계시록 11장이 바로 그렇다. 그러므로 계시록 11장은 전 삼 년 반의 시작부터 후 삼년 반의 초기까지 기록된 장이다.

관용어적으로 본장의 키워드(핵심)는 사도 요한이 인침 받은 자들이 거할 곳을 측량해(구별, 보존) 놓고 두 증인이 인치기 시작했다는 것이다.

성전에 대하여

계시록 11장 1절을 보면 "또 내게 지팡이 같은 갈대를 주며 말하기를 일어나서 하나님의 성전과 제단과 그 안에서 경배하는 자들을 측량하되" 하고 있고, 마태복음 24장 1절을 보면 "예수께서 성전에서 나와서 가실 때에 제자들이 성전 건물들을 가리켜 보이려고 나아오니" 하고 있는데 이 말을 현대어 성경으로 보면 "예수께서 성전을 떠나실 때 제자들이 곁에 와서 성전의 여러 건물을 구경하자고 말하였다." 예수님이 마태복음 21장 23절부터 성전에서 말씀하시고 본 절에서 와서 성전을 떠나실 때라는 것이다. 이 말씀은 곧 마태복음 21장 33절 이후 22, 23장은 예루살렘 성전 안에서 주님이 가르치신 말씀이다. 이렇게 성전에서 가르치신 이후 주님이 성전을 떠나려 하시자 제자들이 성전을 구경하고 가자고 했을 때 주님이 이 예루살렘 성전을 보시고 말씀하신 것이 마태복음 24, 25장의 말씀이다.

이 예루살렘 성전 건물은 원래 BC 19년에 유대인의 환심을 살 목적으로 에돔 사람 헤롯대왕(마 2:1)에 의해 착공된 것으로 비록 제2성전을 개축할 의도로 시작한 것이기는 하나 거의 신축한 것이기에 일반적으로 제3성전이라 불린다. 즉 이 건물은 아브라함이 이삭을 번제로

제 3 강 · 79

드렸던 예루살렘의 모리아 산(아라우나 타작마당, 삼하 24:16)에 솔로몬에 의한 건축한 제1성전(왕상 6:1~8:11,BC 959~586)과, 스룹바벨에 의한 제2성전(포로기 이후 BC 520년경에 재건)에 이은 새 성전 건물이었다. 이 제3성전은 AD 64년경 알비누스 총독에 의해 완공되기까지 근 80여년의 기나긴 공사 기간이 소요되었으며 그 중간에 봉헌식(착공 8년만에)을 하는 등 나름대로는 화려한 외모로 치장되기도 했다(요 2:20). 실로 제3성전은 유대 출신 제자들에게는 자랑스럽고 장엄한 것이었으며 마치 눈 덮인 산처럼 아름다운 것이었다. 그도 그럴 것이 이 성전은 거대한 대리석으로 둘려졌으며 지붕과 같은 특별한 부분들에는 금으로 꾸며졌다고 한다.

마태복음 24, 25장을 가리켜 소 계시록이라 하는데 많은 분들이 계시록을 연구하며 성전에 대하여 이야기 하는데 대부분 성막과 솔로몬 성전에 대해 이야기를 한다. 그러나 주님이 종말에 대하여 말씀하실 때 손가락으로 가리키며 말씀하신 성전은 성막도 아니고 솔로몬 성전도 아닌 헤롯 성전을 가리켜 말씀하셨다. 성막이나 솔로몬 성전의 구조와 헤롯 성전의 구조는 하늘과 땅의 차이가 난다. 그러므로 종말론을 알기 위해서는 솔로몬 성전이 아닌 헤롯 성전의 구조를 알지 못하면 자칫 종말론이 삼천포로 빠질 수 있다. 왜냐하면 천년왕국 때 세워질 제4성전은 솔로몬 성전이 아닌 헤롯성전이 복원될 것이기 때문이다.

성막과 솔로몬의 성전의 구조는 성소와 지성소와 뜰로 구성되어 있지만 헤롯성전의 구조는 아주 복잡하다. 헤롯성전의 구조를 보면 다음과 같다. 먼저 성전으로 들어가면 훌다의 문을 통과해야 하는데 훌다는 요시야의 종교 개혁 때 큰 공을 세운 여선지자의 이름이다(대하 34:22). 이 훌다의 문을 통과하면 이방인의 뜰이 나오는데 이 뜰을 어떤 이방인도 넘을 수가 없었다. 마태복음 21장 12절을 보면 이곳에서 비둘기, 소, 양 매매가 이루어졌는데 당시 대제사장 가야바는 성전 제사를 드리기 위하여 필요한 순결한 품목들을 그 곳에서 사고 팔 수 있도록 허락해 주었는데 주님은 비둘기, 소, 양을 매매하는 자들을 책망하시며 성전을 정화하셨다. 그런데 이곳의 동쪽에는 또한 솔로몬의 행각이라는 곳이 있었다(요 10:23;행 3:11;5:12). 이 솔로몬 행각은 162개의 원기둥으로 세워졌는데 지붕과 기둥만 있지 벽이 없는 복도식으로 되어 있다. 즉 행각이란 이방인의 뜰 동쪽에 기둥과 지붕만 있고 벽이 없는 행랑(방)을 말하는데 경복궁에 가면 옆쪽에 기둥과 지붕이 있어 햇빛과 비를 피할 수 있고, 사람이 다닐 수 있는 통로가 있는데 바로 그와 같이 생겼다. 이 행각은 솔로몬 시대에 세워져 헤롯시대까지 보존되어서 솔로몬의 행각이라 불렸는데 이곳에서 랍비들은 율법을 강연했고, 예수님도 요한복음 10장 23절을 보면 이곳에서 설교하셨다. 그리고 제자들이 이곳에서 설교해 5천명이 예수를 믿기도 했다. 이곳은 대중 집회를 할 만한 장소로서 초대 교인들이 이곳에서 자주 모여 집회를 가졌다.

이렇게 훌다의 문을 통과해 이방인의 뜰을 지나면 이방인의 뜰과 미문 사이에 분리 벽이 나오는데, 이 분리 벽을 통과하면 미문이라는 곳이 나온다. 사도행전 3장 1절을 보면 앉은뱅이가 바로 이곳에 앉아 있었다. 이 미문을 통과하면 여인들이 머무르는 여인의 뜰이 있고, 여인의 뜰 다음에 이스라엘의 뜰이 있고, 이스라엘의 뜰을 지나면 문이 있는데 이 문을 통과하면 제사장의 뜰이 나온다. 이 제사장의 뜰에 번제단과 물두멍이 있고, 이 번제단과 물두멍을 통과하여 문으로 들어가면 '나오스'인 성전이 나오는데 이 성전엔 성소와 지성소가 있다. 그리고 예수님 당시 성전 안인 이방인의 뜰과, 이스라엘의 뜰과, 안뜰의 동남부에 회당 셋이 있었는데 제자들은 이스라엘 뜰에 있는 회당에서 자주 모였다. 또한 유대인들은 하루 세 번 오전 9시, 12시, 오후 3시에 성전에서 기도를 드렸는데('테필라' 기도를 드렸는데 테필라 기도란 기도와 같은 찬송을 말함, 행 3:1), 1세기 유대 역사가 요세푸스에 따르면 유대인들은 오전 9시 기도가 끝나기 전 10까지는 식사도 하지 않았다고 한다. 그런데 이들이 성전에서 기도한 장소는 이스라엘의 뜰에서였다고 한다.

누가복음 24장 53절과 사도행전 3장을 보면 제자들이 성전에서 기도했고, 성전 미문에 앉은뱅이가 있었다고 나오는데 여기서 성전은 '나오스'가 아닌 '히에론'으로 되어 있다. '히에론'과 '나오스'는 다르다. '나오스'는 성소와 지성소를 말하지만, '히에론'은 성전 문이 있는 홀다의 문 즉 성막으로 하면 성막 울타리를 포함한 성전 전체를 가리키는말이다. 그러므로 제자들이 성전에서 기도했다는 말과 앉은뱅이가 성전에 들어가서 하나님을 찬양했다는 말은 우리가 아는 나오스인 성소나지성소에 들어가 기도하고 찬양했다는 말이 아니라 당시 성전 안에 3개의 회당이 있었고, 또한 '성전의 집'이라 해서 성전 안에 30개의 홀이있었는데 그곳 어딘가에 모여서 제자들이 기도했고 또한 하루 세 번 기도를 했다는 말이다. 이 성소는 제사장만 들어갈 수 있고, 지성소는 대제사장만 일 년에 한 차례 들어갔기에 당연히 제자들과 미문 앞 앉은뱅이는 나오스인 성소나 지성소에 들어가지 못했던 것이다. 관용어적으로 성전은 헤롯성전을 말하고, 사도행전에서 말하는 성전에 들어갔다는 말은 성소나 지성소가 아닌 홀다의 문에 들어갔다는 말이다.

관용어적으로 예수님이 말씀하신 성전은 솔로몬의 성전을 말하는 것이 아니라 헤롯 성전을 말함으로 종말론에서 성전은 헤롯 성전의 재건을 말하고, 에스겔이나 선지자들이 말하는 후에 건축될 성전은 주님 오시기 전에 건축될 제4성전을 말하는 것이 아니라 천국왕국 때 건축될 성전인데 그 성전은 솔로몬 성전이 아닌 헤롯 성전의 재건이 될 것이다 (혹자는 3성전이라 하나 정확히 말하면 제4성전이다).

성전 바깥 마당

계시록 11장 2절을 보면 "성전 바깥마당은 측량하지 말고 그냥 두라 이것은 이방인에게 주었은즉 그들이 거룩한 성을 마흔 두 달 동안 짓밟으리라." 하고 있는데 여기서 '성전 바깥마당'이라는 말의 헬라어 '텐 아울렌(마당) 텐 에소덴(안으로부터) 투 나우(성전) 에크발레(내쫓다, 쫓아버리다) 엑소(밖에)'는 '성전 안으로부터의 마당 밖으로 내 쫓아라'라는 말로 해석이 된다. 앞에서 말씀드렸듯이 헤롯 성전의 뜰은 크게 두 부분으로 나뉜다. 첫째는 성전 안에 있는 뜰로서 제사장의 뜰, 남자의 뜰 혹은 이스라엘의 뜰, 여자의 뜰이며, 둘째는 성전 밖의 뜰로 이방인의 뜰로 되어 있다. 이 두 부분의 뜰은 엄격히 구분되어 있어서 이방인이 이

제 3 강 · 83

방인의 뜰을 넘으면 죽임을 당했다. 이러한 두 부분의 뜰 중에서 본문의 '성전 밖 마당'은 이방인의 뜰을 가리키는 것으로 보이지만 헬라어 원어 대로 보면 이곳이 이방인의 뜰을 말하는 것인지 아니면 이스라엘의 뜰부터 이방인의 뜰까지를 말하는지 명확하지 않다. 그러나 '성전 안으로부터 마당 밖으로라' 하며 '성전'이라는 말이 '히에론'이 아닌 '나오스'라는 말이 사용되었기에 이는 이스라엘 뜰로 봐야 한다. 왜냐하면 '나오스'는 제사장의 뜰(성전과 안뜰)까지를 말하는 말이고, '히에론'은 이스라엘의 뜰로부터 홀다의 문까지를 말하는 말이기 때문이다.

"성전 바깥마당은 측량하지 말고 그냥 두라 이것은 이방인에게 주었은즉" 하며 이스라엘의 뜰을 이방인에게 주었다고 하고 있는데 여기서 '주었은즉'의 헬라어 '에도데(디도미=주다)'는 부정과거 수동태 이기에 이는 이미 과거에 한번에 주어진 것을 말함으로 이는 후 삼년 반을 의미하는 말이다. 그리고 여기서 이방인에게 주었다 할 때 이방인은 적그리스도에게 주었다는 말이다.

그런데 신약성경에서 이방인(에드노스)은 예수를 믿지 않는 모든 사람을 지칭하는 말이지만 계시록에서는 물과 성령으로 거듭나지 못한 신자들과 예수 믿지 않는 모든 사람을 포함하는 말로 사용되고 있다. 그러므로 여기서 이방인은 12지파의 이스라엘 사람들과 선데이 크리스천(물과 성령으로 거듭나지 못한 신자)과 불신자를 포함하는 모든 사람들을 가리키는 말로 쓰이고 있다. 이를 한마디로 말하면 물과 성령으로 거듭나지 못한 모든 사람들은 인침을 받지 못해 결국 후 삼년 반에 적그리스도에 의해 환난을 받게 된다는 말이다.

"그들이 거룩한 성을 마흔 두 달 동안 짓밟으리라." 하고 있는데 여기서 '그들은' 적그리스도를 말하고 '거룩한 성'은 헬라어로 '텐 폴린(성) 테 하기안(거룩한)'으로 예루살렘 성을 말한다. 왜 냐하면 만약 이 성이 헬라어로 "하기오스 나오스"로 되어 있으면 이는 성전을 말하는 것이지만 본 절을 보면 '폴린'이라는 '도시, 읍'이라는 말이 사용되었기 때문에 이는 예루살렘 성을 말하는 것이다.

또한 '마흔 두 달 동안 짓밟으리라' 하고 있는데 여기서 '마흔 두 달(1260일)'은 적그리스도의 활동 기간을 말하는 관용어이기에 이는 적그리스도가 마흔 두 달을 활동한다는 말이다. 이 말은 다니엘 7, 9장을 반영한 것으로 시리아의 8대왕 안티오쿠스 에피파네스가 하나님의 성소와 유대인을 핍박한 것을 나타내는 말로(단 8:10,13;마카비하 8:2), 본서에서는 후 삼년 반에 예루살렘 성을 짐승이 자신의 권세를 가지고 핍박하는 것을 말하는 것을 뜻한다.

또한 '짓밟으리라' 하고 있는데 이 말의 헬라어 '파테수신'은 '짓밟다, 밟다'라는 뜻을 가진 '파테오'의 미래형이다. 그런데 여기서 우리가 기억해야 할 것은 본 장 1절은 '측량하되' 하며 이방인에게 넘겨주지 않았기에 1절은 분명히 전 삼년 반의 상황인 것이다. 그러나 2절은 이방인에게 "주었은즉"이라는 말이 과거 부정 수동태로 이미 준 상태임으로 "주었은즉"은 후 삼년 반의 상황이다. 그런데 본 절 2절을 또보면 '짓밟

제 3 강 · 85

으리라' 라는 말이 나오는데 이 말은 미래시제로 되어 있다. 그러므로 이 말은 2절 안에 과거 수동태와 미래시제가 같이 나오고 있다는 말이다. 이는 1~2절의 미가엘 천사장이 현재시점에서 미래에 있을 일을 말하고 있기 때문이다.

관용어적으로 미가엘 천사장은 만약 인침을 받지 못하면 후 삼년 반에 들어가 큰 환난을 겪게 될 것이니 지금 물과 성령으로 거듭나 성전과 재단과 제사장의 뜰인 안뜰에 거하라고 당부하고 있는 말이다.

두 증인과 1260일

계시록 11장 3절을 보면 "내가 나의 두 증인에게 권세를 주리니 그들이 굵은 베옷을 입고 천이백육십 일을 예언하리라." 하며 두 증인이라는 말이 나오는데 두 증인이라는 말의 헬라어는 '토이스 뒤신(둘) 말튀신(증인, 순교) 무(나의)'로 되어 있는데 여기서 말튀신은 '순교, 증인'이라는 뜻을 가진 '말튀스'에서 유래한 말로 말튀스가 나옴으로 이들이 곧 순교하게 될 것임을 암시하고 있다.

또한 두 증인 앞에 정관사 '토이스'가 붙음으로 이는 어떤 특정한 인물임을 말하고 있다. 그래서 이 두 증인을 혹자는 에녹과 엘리야 또는 모세와 엘리야라 주장하지만 사실은 예수님을 닮은 작은 예수와 같은 이스라엘의 두 목사님을 말한다. 그래서 이들의 행적을 살펴보면 예수님과 똑같은 공생애를 살게 된다.

그러므로 이들의 생애를 살펴보면 첫째로 이 두 증인이 "굵은 베옷을 입고" 있다고 했는데 이는 예수님과 침례 요한같이 회개의 복음을 전했다는 뜻이다(마 3:2;4:17;사 20:2;슥 13:4). 왜냐하면 굵은 베옷은 이스라엘에서 회개할 때 입었던 옷이기 때문이다. 둘째로 두 증인의 사역 기간이 예수님과 같이 1260일로 예수님의 공생애 기간과 일치한다. 셋째로 계시록 11장 5절을 보면 예수님이 사역 기간 중 유대인들이 예수님을 죽이려고 해도 예수님이 때가 되지 않음으로 죽지 않고 생명이 보호를 받은 것 같이 두 증인도 그렇게 보호를 받는다(요 7:30;8:20). 넷째로 계시록 11장 6절을 보면 "그들이 권능을(엑수시아) 가지고" 하며 예수님이 권세를 행한 것 같이 두 증인도 권세를 행했다고 하고 있다. 다섯째로 계시록 11장 6절을 보면 엘리야의 사역기간에 불이 내리고 비가 멈추었고, 모세의 사역기간 중 첫째 재앙으로 나일 강을 피로 만드는 표적을 행했는데 예수님은 이 두 사람의 표적보다 더 큰 표적을 행하셔서 죽은 자가 살아나고, 바람을 잔잔하게 했고 귀신을 쫓아내는 표적을 행하셨는데 두 증인도 예수님처럼 모세와 엘리야의 기적을 합친 것보다 더 큰 기적을 행한다. 여섯째로 계시록 11장 7절을 보면 예수님도 사역인 증거를 마치고 십자가에서 죽은 것 같이 두 증인도 증거를 마치고 마귀에게 순교를 당했고, 일곱째로 계시록 11장 8절을 보면 예수님이 예루살렘에서 죽은 것 같이 두 증인도 예루살렘에서 죽었고, 여덟 번째로 계시록 11장 9절을 보면 예수님이 땅속 무덤에서 3일 동안 있었던 같이 두 증인도 3일 반 동안 죽어 있었고, 아홉 번째로 계시록 11장 9절을 보면 예수님의 무덤을 군병들이 3일 동안 지킨것 같이 그들도 역시 두 증인을 3일반을 지켰고, 열 번째로 계시록 11장 10절을보면 예수님을 죽인 유대의 종교 지도자들이 기뻐했던 것 같이, 두 증인을 죽이고 그들도 그렇게 기뻐했고, 열한 번째로 계시록 11장 11절을 보면 예수님이 3일 만에 부활하신 것 같이 두 증인도 삼일 반 만에 부활했고, 열두 번째로 계시록 11장 12절을 보면 예수님이 구름을 타고 승천하신 것 같이 두 증인도 구름을 타고 승천했고, 열세 번째로 계시록 11장 13절을 보면 예수님이 죽을 때 지진이 나고 부활이 있었던 같이 두 증인의 승천 때도 그와 같은 일이 일어 났다. 그러므로 두 증인은 모세와 엘리야 정도가 아니라 예수님과 똑같은 삶을 산 작은 예수였던 것이다.

'두 증인에게 권세를 주리니' 하였다. 6절을 보면 '그들이 권능을 가지고' 라고 되어 있는데 이 권능이 헬라어 원어에서는 '엑수시안'인 권세로 되어 있기에 본 절의 '권세'가 '도스(디도미=주다)'로 되어 있지만 이는 예수님에게 주었던 권세를 두 증인에게 하나님께서 주셔서 두 증인이 예수님의 권세를 가지고 권능을 행했다는 말로 권세로 해석하는 것이 맞다. 그런데 그 권능을 행하는 장이 본 장 11장이다.

"천이백육십 일을 예언하리라." 는 마흔 두 달이 적그리스도의 활동 기간이라면, 1260일은 두 증인의 활동기간을 말한다.

관용어적으로 두 증인은 예수님을 닮은 작은 예수로 예수님이 행했던 표적을 똑같이 행했던 이스라엘의 두 교회 목사님을 말한다.

두 감람나무와 두 촛대니

계시록 11장 4절을 보면 "그들은 이 땅의 주 앞에 서 있는 두 감람나무와 두 촛대니" 하고 있는데 이 말을 공동번역으로 보면 "이 두 증인이란 이 세상을 다스리시는 주님 앞에 서 있는 두 올리브나무이며 두 등불입니다." 하고 있다. 여기서 "그들"은 두 증인을 말하고, "이 땅의 주 앞에서 서 있는" 이라는 말은 '이 세상을 다스리는 주님 앞에서 서 있는' 이라는 말이다. 개정성경에는 감람나무와 두 촛대라 되어 있는데 헬라어 원어에서는 '하이(그) 뒤(둘) 엘라이아이(올리브), 카이 뒤오(둘)뤼크니아이(촛대) 하이(그)' 해서 두 감람나무와 두 촛대로 되어 있다.

한편 본 절의 '두 감람나무와 두 촛대는' 앞 절에서 언급된 '두 증인'에 대한 묘사로 관용어적으로 스가랴 4장 11~14절을 배경삼고 있다. 스가랴서에서 두 감람나무는 기름부음을 받은 총독 스룹바벨과 제사장 여호수아를 가리킨다. 하나님은 총독 스룹바벨과 제사장 여호수아를 통해 이스라엘에게 성령과 은혜를 풍성히 공급해 주실 것이라 했는데 마지막 종말의 때에도 두 증인에게 하나님께서 성령과 은혜를 풍성히 공급해 성도들을 양육하게 하신다는 말씀이다.

또한 '두 감람나무와 두 촛대'는 서로 상관관계를 갖고 있어 기름이 감람나무에서 나옴으로 하나님께서는 감람나무(올리브)에서 나오는 기름을 통해 어두운 세상을 밝게 비추는 촛대가 빛을 환하게 비출 수 있게 해 주시겠다는 말이다. 여기서 감람나무는 성령을 상징하고, 촛대는계시록 1장 20절에서 교회라고 했음으로 교회를 상징한다. 그래서 두 감람나무란 성령이 충만한 두 분 목사님을 말하고, 촛대는 마지막 때 이스라엘 안에 있는 두 교회를 말하는 말이다. 그러므로 감람나무와 두 촛대는 모세와 엘리야가 아닌 전 삼년 반에 이스라엘에서 활동하시는 성령 충만한 두 교회 목사님을 말한다.

관용어적으로 감람나무와 촛대는 모세와 엘리야가 아닌 전 삼년 반에 이스라엘에서 활동하시는 성령 충만한 두 교회 목사님을 말하는 것이다.

해하고자 하면 죽임을 당할 것이다.

계시록 11장 5절을 보면 "만일 누구든지 그들을 해하고자 하면 그들의 입에서 불이 나와서 그들의 원수를 삼켜 버릴 것이요 누구든지 그들을 해하고자 하면 반드시 그와 같이 죽임을 당하리라." 하고 있다. 여기서 '누구든지'라는 말은 '에이 티스'라 해서 '만약 ~이라면, 만약 누가 ~한다면' 이라는 뜻을 가지고 있다.

"만일 누구든지 그들을 해하고자 하면~~누구든지 그들을 해하고자 하면 반드시 그와 같이 죽임을 당하리라." 라는 말씀은 열왕기하 1장 10절을 반영한 말로 하나님께서 세우신 좋은 그 사역이 끝나기까지 반드시 보호하시고 지키신다는 것을 관용어적으로 반영한 말이다. 열왕기하 1장을 보면 북 이스라엘의 아하시야 왕이 병들어 죽게 되었을 때 사자(전령)를 바알에게 보내 이 병으로 인해 죽게 될 것인지 아니면 살게 될 것인지 물어 보라 해서 가다가 엘리야를 만나 왕이 반드시 죽을 것이라는 예언을 하자 아하시야 왕이 엘리야를 잡아오라고 소대장에게 세 번에 걸쳐 50명의 군사를 보냈을 때 두 번이나 하늘에서 불이 내려 죽임을 당하는 사건이 있었는데 지금 이 사건을 반영한 것이다. 반영이라는 말의 뜻을 자세히 알려면 저의 책 계 10:9절을 참고하라.

"그들의 입에서 불이 나와서 그들의 원수를 삼켜 버릴 것이요" 라는 말씀은 예레미야 5장 14절인 "내가 네 입에 있는 나의 말을 불이 되게 하고 이 백성을 나무가 되게 하여 불사르리라."는 말씀을 반영한 것으로 여기서 불은 이사야 33장 11절의 '너희의 호흡은 불이 되어 너희를 삼킬 것이며'라는 말씀과 에베소서 6장 17절과 계시록 19장 21절과 20장 9절을 통해 볼 때 성령의 검인 하나님의 말씀을 의미한다. 그러므로 두 증인의 입에서 불이 나왔다는 말은 불이 관용어적으로 심판을 말하기에 그들이 말씀의 검(다바르)을 가지고 심판의 복음을 전했다는 말이 된다.

그러나 예수님이 모세와 엘리야를 합친 것보다 더 큰 기적을 행하셨던 것 같이 두 증인도 더 큰 기적을 행했기에 실제로 불이 하늘에서 떨어지게 했을 것이다. 다시 말해 계시록 8장 7절을 보면 "첫째 천사가 나팔을 부니 피 섞인 우박과 불이 나와서 땅에 쏟아지매 땅의 삼분의 일이 타 버리고 수목의 삼분의 일도 타 버리고 각종 푸른 풀도 타 버렸더라." 하며 번갯불로 수목의 3분의 1이 타게 했는데 이 불을 내린 사람이 바로 두 증인이라는 말이다.

관용어적으로 본 절은 전전 삼년 반부터 활동을 시작한 두 증인은 그

때부터 권능으로 표적을 행하며 회개와 공중 재림과 심판(불)의 복음을 전하지만 사람들은 귀를 기울이지 않았다는 말이다.

두 증인이 행한 기적

계시록 11장 6절을 보면 "그들이 권능을 가지고 하늘을 닫아 그 예언을 하는 날 동안 비가 오지 못하게 하고 또 권능을 가지고 물을 피로 변하게하고 아무 때든지 원하는 대로 여러 가지 재앙으로 땅을 치리로다." 고 했는데 이 말은 두 증인에게 하나님께서 인간의 생명 유지에 반드시 필요한 생사여탈권을 쥐게 하셨다는 말이다. 실제로 주님이 베드로에게 천국 열쇠를 주어 땅에서 무엇이든지 매면 하늘에서도 매일 것이요 네가 땅에서 무엇이든지 풀면 하늘에서도 풀리리라(마 16:19)고 하셨는데 그 말씀을 지금 두 증인을 통해 이루시고 계신 것이다.

또한 본 절의 '권능'은 헬라어로 '엑수시아'라 해서 권세로 되어 있다. 그런데 이렇게 권능으로 해석한 이유는 권세를 행하면 권능이 나타나기에 결국 권능이라 해석해도 아무 문제가 되기 않기 때문이다.

그런데 두 증인이 권능을 행했다고 했는데 본 절에 나오는 권능은 열왕기상 17장 1절의 엘리야의 권능과 출애굽기 7장 20절의 모세의 권능을 반영한 말로 실제로 두 증인은 모세와 엘리야의 기적보다 더 큰 기적을 행했던 예수님이 행하셨던 기적을 지금 행하고 있는 것이다. 모세와 엘리야의 기적이 경량급의 기적이라면 두 증인의 기적은 해비급의 기적인 것이다.

"비가 오지 못하게 하고" 했는데 이 말의 헬라어는 '메 (결코~않다) 브레케(적시다) 휘토스(소나기)'라는 말로 '결코 소나기도 내리지 않았다' 라고 되어 있음으로 개정 성경에서 말하는 것 같이 비가 내리지 않은 것이 아니라 소나기조차 결코 내리지 않았던 것이다. 그래서 계시록 8장 7절 "첫째 천사가 나팔을 부니 피 섞인 우박과 불이 나와서 땅에 쏟아지매 땅의 삼분의 일이 타 버리고 수목의 삼분의 일도 타 버리고 각종 푸른 풀도 타 버렸더라." 하며 온 대지가 바싹 말라 있었다고 하고있는 것이다. 왜냐하면 비는 고사하고 소나기조차 내리지 않았기에 온 대지가 말라 있는 상태에서 번갯불이 땅에 내리치자 불이 붙어 수목의 3분의 1이 탔던 것이다. 그러므로 나팔 재앙은 앞에서 말씀드렸듯이 두 증인 행한 기적이었던 것이다.

'또 권능을 가지고 물을 피로 변하게 하고' 하며 물이 피로 변했다고 하는데 이는 모세가 행한 첫 번째 기적으로 출애굽기 7장 17절에 나온다.

또한 '여러 가지 재앙으로 땅을 치리로다.' 하고 있는데 이는 출애굽기 7장에 나오는 모세의 10가지 재앙을 말한다. 모세는 물을 피로만 만든 것이 아니라 여러 가지 재앙을 더 행했다. 그래서 본 절도 두 증인이 본 장에 나오는 기적 외에 여러 가지 재앙을 더 행했다고 나오고 있는 것이다. 이는 계시록 8장 8~12절 나팔 재앙을 말하는데 이 재앙 역시

제 3 강 · 93

두 증인이 행했던 기적이었다. 이렇게 불신자들은 전 삼년 반에 두 증인이 행한 기적으로 비도 오지 않고 먹을 식수조차 없이 지냈지만 이때 이스라엘 안에 있는 성도들은 모세가 반석에서 물이 나오게 한 것 같이 두 증인의 교회에 있는 성도들은 두 증인이 일으킨 기적으로 물을 공급 받아 별 어려움을 당하지 않고 전전 삼년 반을 보내게 될 것이다.

관용어적으로 본 절은 두 증인의 행한 기적으로 나팔 재앙이 일어났다는 말이고 또한 이때 두 증인의 교회 성도들은 어떤 어려움도 당하지않았는데 이는 두 증인이 반석에서 물이 나오게 하는 기적을 행했기 때문이었다.

두증인이 증거를 맞추고 죽음

계시록 11장 7절을 보면 "그들이 그 증언을 마칠 때에 무저갱으로부터 올라오는 짐승이 그들과 더불어 전쟁을 일으켜 그들을 이기고 그들을 죽일 터인즉" 하며 '그들이 그 증언을 마칠 때에' 라고 하고 있는데 여기서 '마칠'에 해당하는 헬라어 '텔레소신'은 본래 '마치다, 끝내다,완성하다, 성취하다'라는 뜻을 지닌 '텔레오'의 부정 과거 능동태로 두 증인이 소기의 목적을 온전히 성취하거나 증거하기를 다 마쳤음을 시사하는 말이다.

주석가들은 본 절을 난해 구절로 난감해 한다. 왜냐하면 최후의 심판날이 도래하지 않았는데 증거가 끝날 수 있느냐는 것이다. 그런데 이렇게 난해해 하는 이유는 전 삼년 반이 끝나고 후 삼년 반이 시작되자마자 공중 재림이 있을 것으로 보지 않고 무천년설 또는 후천년설을 주장해 백마강림 때까지 이들이 살아서 복음을 전해야 하는데 사역 도중에 순교를 당했기 때문이다. 그래서 두 증인이 사역 도중에 죽었다는 말을 이해하지 못하는 것이다. 그러나 헬라어 원어에서 말하는 것 같이 이들은 사역 도중에 죽은 것이 아니라 주님과 같이 완전히 공생애를 다 마치고 죽은 것이다. 왜냐하면 이 두 증인의 사명은 공중 재림을 증거하는 것까지가 사명이었는데 주님이 이미 공중 재림을 했으니 그들은 사명을 다 완수했던 것이다. 그래서 '텔레소신'을 쓴 것이다. '무저갱으로부터 올라오는 짐승이' 하고 있는데 이 말의 헬라어는 '호 데리온(독이 있는 짐승) 토 아나바이논(올라오다) 에크(밖으로~로 부터) 테스 아뷧수(무저갱)'라 해서 '그 독이 있는 짐승이 무저갱으로부터 올라왔다' 라고 하고 있는데 여기서 '짐승'이 '데리온'으로 되어 있는데 그 앞에 정관사 '호'가 붙음으로 이는 동물을 말하는 것이 아니라 특정한 짐승을 말한다. 그 짐승은 적그리스도의 모델이라 일컫는 주전 170년 시리아 왕 안티오쿠스 4세 에피파네스를 지칭하는 말이다(단 7:1~25). 왜냐하면 짐승 앞에 '그' 라는 정관사 '호'가 붙었기 때문이다. 이렇게 해서 본 장에서 처음으로 '짐승'이라는 말이 등장한다. 그런데 이 짐승이라는 말이 헬라어로 '독이 있는 사나운 짐승'이라 되어 있음으로 이는 적그리스도를 말하는 말로 계시록 13장 1절과 17장 8절의 짐승을 말한다.

'그들과 더불어 전쟁을 일으켜' 여기서 그들은 두 증인을 말함으로 이는 두 증인과 적그리스도가 전쟁을 했다는 말로 이 말의 헬라어는 '포이에세이(포이에오=만들다) 폴레몬(전쟁)'으로 전쟁을 만들었다는 뜻이다. 그런데 이렇게 두 짐승이 전쟁을 일으킨 시기를 계시록 9장 5절은 "죽이지는 못하게 하시고 다섯 달 동안 괴롭게만 하게 하시는데" 라고 말하고, 이를 누가복음 21장 20절에서는 "너희가 예루살렘이 군대들에게 에워싸이는 것을 보거든 그 멸망이 가까운 줄을 알라." 하며 예루살렘 포위 시점을 말하고 있다.

'그들을 이기고' 라는 말은 두 짐승이 두 증인을 이겼다는 말로 이는 계시록 9장 10절인 황충이 전갈의 꼬리로 다섯 달 동안 사람들을 해하는 때인 것이다. 이때는 황충이 예루살렘 안에 있는 사람들을 해치는 시기이기에 이는 예루살렘이 점령당했다는 뜻이다.

'그들을 죽일 터인즉' 이 말의 헬라어는 '아포크테네이(죽이다, 살해하다) 아우투스(그들)'라 해서 그들을 살해했다는 말인데 이는 황충이며 적그리스도인 짐승이 두 증인을 죽였다는 말로 이때는 전 삼년 반이 끝나고 공중 재림이 있은 후, 후 삼년 반이 시작될 때를 말하는 것이다.

관용어적으로 두 증인이 증언을 마치고 죽었다는 말은 이미 공중 재림이 이루어졌다는 말이고 또한 두 증인의 사역기간이 끝났다는 말로 그들은 전 삼년 반 동안 공중 재림의 복음을 전했다는 뜻이다.

두 증인이 죽은 장소

계시록 11장 8절을 보면 "그들의 시체가 큰 성 길에 있으리니 그 성은 영적으로 하면 소돔이라고도 하고 애굽이라고도 하니 곧 그들의 주께서 십자가에 못 박히신 곳이라." 하고 있는데 여기서 '그들의 시체가'라는 말이 알렉산드리아 사본과 바티칸 사본 등에는 '토 프토마 아우톤'으로 그의 시체라 해서 단수로 되어 있는데 시내사본과 플피리안 사본과 우리 성경에서는 '타 프토마타(시체) 아우톤'이라 해서 복수형으로 되어 있다. 그러므로 본 장의 주인공이 3절의 두 증인임으로 복수인 '그들'로 보아야 한다.

'그들의 시체가 큰 성 길에 있으리니' 하고 있는데 여기서 두 증인이 죽은 장소가 큰 성 길에 있다고 했는데 혹자는 '큰 성'이라 했기에 영적 타락의 도시 바벨론을 말한다고 하는데 예루살렘도 유대교와 이슬람 성전이 있기에 타락한 도시이며 또한 당시 인구 5만 명이 거주했던 큰 성이었다.

'그 성은 영적으로 하면' 하고 있는데 이 말의 헬라어는 '헤티스(역시, 같은 것, 그 성은) 칼레이타이(칼레오=부르다) 프뉴마티코스(표현, 영적, 상징)'인데 여기서 '프뉴마티코스'는 실상이 아닌 표현상 상징으로 불려지는 것을 말한다. 그러므로 이 말은 실상이 아닌 그저 상징으로 불린다는 말이다. 그래서 공동번역에서는 영적이라는 말을 '상징'으로 해석하고 있다. 그러므로 '그 성은 영적으로 하면 소돔이라고도 하고 애굽이라고도 하니' 라는 말은 그 큰 성의 실제 이름이 소돔이나 애굽이라는 말이 아니라는 뜻이다. 그런데 이렇게 그 큰 성인 예루살렘을 소돔과 애굽으로 부른 이유는 당시 예수님을 죽였기에 그 곳은 영적으로 소돔과 애굽같이 타락했기 때문이었다. 또한 오늘날은 이슬람 성전과 회당이 공존하는 도시이기 때문이다.

곧 그들의 주께서 십자가에 못 박히신 곳이라." 하며 큰 성이 곧 예수님이 죽은 곳이라 하며 영적으로 소돔이 어디인지를 구체적으로 지금 가르쳐 주고 있다. 계시록은 오버랩 기법으로 기록되었기에 친절하다고 했다. 지금 본 절도 그렇다. 영적으로 말했기에 오해할까봐 요한 사도는 큰 성이 어디인지 다시 오버랩 기법으로 가르쳐 주고 있다. 그런데 그곳이 예수님이 죽은 예루살렘이라는 것이다. 이렇게 예루살렘이라 가르쳐 주기에 두 증인이 어디서 활동했는지 우리가 알 수 있는 것이며 계시록의 주 무대가 예루살렘이라는 것을 우리가 알 수 있는 것이다. 그래서제가 앞에서 세계의 배꼽이 예루살렘이라 했던 것이다. 왜냐하면 마지막때 두 증인이 두 짐승에 의해 죽게 되는 곳이 예루살렘이기 때문이다.

계시록은 이렇게 비유로 기록된 것 같지만 사실은 실상으로 기록되어 있는 것이다. 즉 그들은 예루살렘에서 죽었다는 말이다.

이 말을 헬라어로 보면 '카이(곧) 호 퀴리오스(주님) 헤몬(우리의)에 스타우로데(스타우로스=십자가)'라 해서 '그리고(곧) 우리의 주님이 십자가에서 못 박히신 곳이라.' 하고 있는데 여기서 '헤몬'을 개정성경에서는 '그들의' 라 해서 두 증인으로 해석을 하는데 헬라어 원어에서는 '우리'로 되어 있다. 그러므로 큰 성은 우리 주님이 십자에서 못 박히신 곳을 말하는 것이다.

관용어적으로 두 증인이 활동하다 죽은 장소는 예루살렘이다. 왜냐하면 주님이 십자가에서 죽으신 곳이 곧 두 증인이 활동하다 죽은 장소로 본 절에 나오기 때문이다.

두 증인의 죽음

계시록 11장 9절을 보면 "백성들과 족속과 방언과 나라 중에서 사람들이 그 시체를 사흘 반 동안을 보며 무덤에 장사하지 못하게 하리로다." 하며 "백성들과 족속과 방언과 나라 중에서"라고 했는데 이 말은 세상 모든 불신자들을 말하는 관용어이다.

'그 시체를 사흘 반 동안'이라는 말을 혹자는 후 삼년 반을 의미한다고 하지만 헬라어 원문을 보면 '헤메라스(일, 날) 트레이스(수사, 셋, 3) 카이 헤미쉬(반, 절반)'라 해서 삼 일 반을 의미한다. 유대인들의 관용어에는 긴 기간을 말할 때는 삼년 반을 말하고, 적당한 기간은 삼개월 반을 말하고, 아주 짧은 기간을 말할 때는 삼일 또는 삼일 반, 십일로말한다. 그러므로 여기서 삼일 반이라는 말은 아주 짧은 기간을 의미하며 동시에 삼일과 동일한 뜻을 가지고 있는 것이다.

예수님이 삼일 동안 무덤에 있었던 것 같이 두 증인도 이를 모방했기에 삼일 반 동안 죽었다 살아난다. 관용어적으로 말하면 삼일이나 삼일 반은 똑같은 의미를 가지고 있다. 예수님은 금요일 날 오후 3시에 운명하시고, 주일날 부활했지만 두 증인은 흉내 냈기에 사흘이 아닌 사흘 반 만에 부활했다. 그러므로 그들의 죽음도 금요일이 아닌 목요일 오후 3시에 죽었을 것이다(본 장 12절 참고).

한편 '무덤에 장사하지 못하게 하리로다.' 하고 있는데 유대인들에게 있어 최대 모욕과 수치는 시체를 방치하는 것인데(왕상 21:24), 이렇게 두 증인의 시체를 방치한 것은 믿는 자들을 멸시하며 자신의 승리를 과시하기 위해서였다. 자세한 내용은 다음 장을 참고하기 바란다.

관용어적으로 두 짐승이 두 증인의 시체를 방치해 장사를 지내지 못하게 한 것은 두 증인을 모욕하는 동시에 자신들의 승리를 과시하기 위해서였다.

장례를 중요시 여긴 유대사회

계시록 11장 9절을 보면 "백성들과 족속과 방언과 나라 중에서 사람들이 그 시체를 사흘 반 동안을 보며 무덤에 장사하지 못하게 하리로다." 하며 "백성들과 족속과 방언과 나라 중에서" 라고 하는데 이 말은 세상 모든 불신자들을 말하는 관용어이다.

'그 시체를 사흘 반 동안'이라는 말을 혹자는 후 삼년 반을 의미한다고 하지만 헬라어 원문을 보면 '헤메라스(일, 날) 트레이스(수사, 셋,

3) 카이 헤미쉬(반, 절반)'라 해서 삼일 반을 의미한다. 여기서 삼일 반이라는 말은 아주 짧은 기간을 의미하며 동시에 삼일과 동일한 뜻을 가지고 있다.

한편 '무덤에 장사하지 못하게 하리로다.' 하고 있는데 유대인들에게 있어 최대 모욕과 수치는 시체를 방치하는 것인데(왕상 21:24), 이렇게 두 증인의 시체를 방치한 것은 두 증인을 모욕하는 동시에 믿는 자들을 멸시하고 자신의 승리를 과시하기 위해서였다. 자세한 내용은 다음 장을 참고하기 바란다.

관용어적으로 두 짐승이 두 증인의 시체를 방치해 장사를 지내지 못하게 한 것은 두 증인을 모욕하는 동시에 자신들의 승리를 과시하기 위해서였다.

두 증인의 죽음을 기뻐했던 이유

계시록 11장 10절을 보면 "이 두 선지자가 땅에 사는 자들을 괴롭게 한 고로 땅에 사는 자들이 그들의 죽음을 즐거워하고 기뻐하여 서로 예물을 보내리라 하더라." 하며 두 증인을 두 선지자라 하고 있다. 증인이 자신이 체험했거나 목격한 것을 증거하는 것이라면 선지자는 하나님을 대신해 하나님의 말씀과 심판을 전달하는 자들로 두 증인을 '프롭헤테스'라 해서 선지자로 말한 것은 두 증인이 주님의 복음을 전했을 뿐 아니라 재림과 그 후에 있을 심판의 복음을 전했기 때문이다. 또한 '땅에 사는 자들'이라 했는데 땅에 사는 자들이란 관용어적으로 불신자들을 지칭하는 말이다.

'땅에 사는 자들을 괴롭게 한 고로' 이 말은 두 증인이 선지자적 사명을 감당했다는 말로 그들이 재림과 심판의 복음을 전하며 회개를 촉구하자 그들은 양심이 너무 괴로워 두 증인을 미워했다는 말이다. 여기서 '괴롭게'라는 말 헬라어 '에바사니산'은 '고문하다, 고통을 주다'라는 뜻을 가진 '바사니조'에서 유래된 말로 그들은 두 증인의 복음을 기쁜 소식으로 받아들이지 않고 자기들을 고문하는 말로 생각 했다는 말이다.

'땅에 사는 자들이 그들의 죽음을 즐거워하고 기뻐하여' 주님이 십자가에서 죽자 유대 지도자들이 기뻐한 것 같이 두 증인을 죽이고 짐승과 불신자들은 기뻐했다는 것이다. 이 말의 헬라어는 '카루신(안녕, 행복, 축하) 에프(을, 죽음) 아우토이스(3인칭 대명사, 그들, 저희), 카이 율흐란데스타이(기뻐하다, 행복하다)'로 이는 매우 기뻐하고 행복해 했다는 뜻이다.

'서로 예물을 보내리라 하더라.' 하고 있는데 선물을 교환하는 것은 당시 축제 때의 관습이었다. 공중 재림의 복음을 전하던 두 증인이 공중 재림에 참여하지 못하자 짐승과 세상 사람들은 자기들과 똑같은 신세가 된 두 증인을 보고 비웃고 핍박하며 축제를 벌인다. 사실 두 증인은 공중 재림의 복음을 끝까지 전하다 죽었기에 공중 재림에 참여하지못하고 순교를 당했던 것이다. 그러자 그들은 그들과 똑같은 처지에 처한 두 증인을 조롱하며 죽였던 것이다.

관용어적으로 두 증인이 공중 재림에 참여하지 못하고 죽은 것은 재림의 복음을 전했기 때문이며 또한 이후에 이들이 공중 재림에 참여하는 것을 보게 하여 세상 사람들에게 아직도 회개의 기회가 있음을 알리기 위해서였다.

부활한 두 증인

계시록 11장 11절을 보면 "삼일 반 후에 하나님께로부터 생기가 그들 속에 들어가매 그들이 발로 일어서니 구경하는 자들이 크게 두려워하더라." 하며 두 증인이 예수님처럼 삼일 반 만에 부활했다고 나온다. 두 증인은 쌍둥이처럼 예수님을 닮은(모방) 작은 예수였다. 그러므로 그들이 삼일 반 만에 예수님처럼 부활했기에 예수님이 주일 새벽 미명에 부활했던 것 같이 이들도 주일 새벽 정도에 부활했을 것이다. 왜냐하면 이 두 증인이 죽은 시간은 목요일 오후 3시 정도 순교를 당했기 때문이다.

'하나님께로부터 생기가 그들 속에' 하며 두 증인이 부활한 것은 하나님이 그들 속에 생기를 넣어 주었기 때문이라 하는데 여기서 생기라는 말의 헬라어는 '프뉴마 조에스'로 문자적으로는 '생명의 바람'이란 뜻으로 진리의 영이신 '성령님'을 지칭한다. 본래 생기란 하나님께서 사람을 창조하실 때 불어 넣으신 기운으로(창 2:7) 생명력을 의미한다. 그런데 죄로 인해 영적 죽음의 상태에 처해 있는 자에게 다시금 영적 생명력을 불어 넣으시는 사역자는 성령이시다. 그래서 성령은 일명 바람(요

3:8) 또는 생명의 성령으로 불리워진다(롬 8:2). 그런데 이 생기를 프리셉트 성경에서는 '성령'으로 해석한다. 그러므로 성령은 바람, 또는 생기로 불린다. 이렇게 두 증인에게 생기가 들어가 부활했다는 것은 결국 그들 속에 성령이 들어가 부활했다는 뜻이다. 창세기 2장 7절의 생기도 역시 성령을 의미한다.

"그들이 발로 일어서니 구경하는 자들이 크게 두려워하더라." 하였는데 혹자는 부활할 때 영이 육으로 변한다고 하지만 두 증인을 통해 볼 때 두 증인은 영이 육으로 변해 부활한 것이 아니라 육체 속에 성령이 들어가 육체가 부활한 것이다. 또한 계시록 20장 4절 첫째 부활이 있다고 했는데 이 첫째 부활이라는 말이 순서상 첫째가 아닌 다른 부활임을 시사하고 있는 것이다. 이 부분은 계시록 20장 4절에서 다시 설명하도록 하겠다.

그런데 이렇게 두 증인이 부활을 하자 그들이 크게 두려워한 것은 두증인의 말이 모두 사실임이 증명되었기 때문이다. 사실 두 증인은 예수님처럼 자신들도 공중 재림 후 죽었다가 다시 살아날 것을 증거했었는데 그들의 말이 사실임이 증명되었기 때문이다. 여기서 일어서니 라는 말의 헬라어 '에스테산'은 서다라는 말의 '히스테미'에서 유래한 말로 일어섬을 의미한다.

관용어적으로 두 증인의 부활은 육체에 성령이 들어가 부활한 것이다.

두 증인의 승천과 재림 요일은

계시록 11장 12절을 보면 "하늘로부터 큰 음성이 있어 이리로 올라오라 함을 그들이 듣고 구름을 타고 하늘로 올라가니 그들의 원수들도 구경하더라." 하고 있는데 여기서 하늘로부터 큰 음성은 하나님의 음성도 될 수 있지만 예수님의 음성을 말한다. 왜냐하면 이때는 이미 공중 재림이 임했기에 우주적 하늘(우주적 재림)에 주님이 계신다. 그러므로 여기서 하늘은 공중 재림하신 예수님이 하늘에서 두 증인을 부르는 소리이다. 그런데 이렇게 계시록에서 하나님의 음성이나 예수님의 음성이 들려오는 것은 특명이 주어지는 장면이다. 그러므로 지금 두 증인에게도 특명이 떨어지고 있는 것이다. 그것은 공중혼인 잔치에 참여하라는 특명이었다.

'구름을 타고' 라는 말의 헬라어는 '엔(안) 테 넵헬레(구름)'로 이는 구름 속으로 사라졌다는 말인데 이는 주님이 승천하실 때도 구름을 타고 승천하셨고(행 1:9~11), 또한 다시 오실 때도 구름을 타고 오신다고 했다(마 24:30). 그런데 관용어적으로 구름은 신의 옷이라는 뜻과 거룩한 임재를 뜻하는 말로 구름을 타고 오신다는 말은 구름을 뚫고 오신다는 말이다.

'구름을 타고 하늘로 올라가니' 라는 말의 헬라어 '카이 아네베산(아나바이노=올라가다) 에이스(향하여) 톤 우라논(하늘) 엔(안) 테 넵헬레(구름)'는 '하늘을 향하여 구름 안으로 올라가니' 라는 말로 여기서 '아나바이노'는 승천을 의미하는 용어이다.

예수님과 같이 공생애를 산 작은 예수인 두 증인은 주님과 똑같은 삶을 살지만 죽은 날짜만 다르게 목요일 날 죽게 된다. 예수님은 금요일 오전 6시에 재판을 받으시고(요 19:14), 오전 9시에 십자가에 달리셨다(막 15:25). 12시에 해가 어두워지고, 오후 3시에 운명하시고(마 27:45), 주일 새벽 미명에 부활하셨다가 40일 동안 이 땅에 계시다 목요일 날 승천하신다(눅 24:50~53, 그랜드 주석참고). 그러므로 주님의 승천하신 날을 공중 재림의 날짜로 본다면 주님은 목요일 새벽 6시 정도에 공중 재림하실 것이다. 그리고 이 날 9시에 적그리스도에 의해 예루살렘이 함락 당하고, 12시에 대학살이 일어나고, 오후 3시에 두 증인이 순교를 당하고, 삼일 반인 주일 새벽 미명에 두 증인이 공중혼인 잔치에 참여하기 위해 승천할 것이다.

그런데 제가 이렇게 시간을 추정하는 이유는 두 증인이 예수님과 똑같은 공생애를 살았기 때문이다. 그러므로 주님이 금요일 오전 9시에 십자가에 달린 시간은 예루살렘의 함락 시간이고, 12시에 해가 어두워진 것은 대학살을 의미하고, 오후 3시에 운명하신 것은 곧 두 증인의 순교를 말한다. 그리고 주님의 부활이 주일 새벽 6시 정도였고, 주님의 승천이 목요일이었기에 이 둘을 합치면 주님이 공중 재림하시는 날짜와 시간을 유추해 볼 수 있는데, 그것은 목요일 새벽 6시 정도가 될 것이다. 그런데 제가 이렇게 유추한 이유는 사도행전 1장 11절을 보면 "이르되 갈릴리 사람들아 어찌하여 서서 하늘을 쳐다보느냐 너희 가운데서 하늘로 올려지신 이 예수는 하늘로 가심을 본 그대로 오시리라 하였느니라." 하시며 '본 그대로 오시리라' 했기에 그들이 승천을 본 날이 누가복음 24장 50~53절을 볼 때 목요일이었기에 아마 이날 재림이 이루어지지 않을까 추정한 것이다. 여기서 명심하실 것은 이것은 제가 추정한 것에 지나지 않지 그 날 그 시에 오신다는 말이 아니다. 다만 두 증인이 작은 예수로 예수님과 똑같은 공생애를 살았기에 이런 추정이 가능한 것이다.

관용어적으로 두 증인은 주님과 같은 삶을 산 작은 예수이기에 주님이 승천했던 것 같이 승천한 것이다.

늦은비의 추수 대상이 하나님께 영광을 돌리더라

계시록 11장 13절을 보면 "그 때에 큰 지진이 나서 성 십분의 일이 무너지고 지진에 죽은 사람이 칠천이라 그 남은 자들이 두려워하여 영광을 하늘의 하나님께 돌리더라." 하며 두 증인이 죽었다가 부활할 때 지진이 나서 많은 사람이 죽었다고 하는데 이는 주님이 마태복음 27장 51~53절을 보면 죽으셨을 때 지진이 나고 많은 사람이 부활했던 그 사건을 그대로 재현하고 있는 것이다. 이렇게 두 증인이 예수님과 똑같은 삶을 살았기에 두증인을 모세와 엘리야가 아닌 작은 예수라 하는 것이다.

'큰 지진이 나서 성 십분의 일이 무너지고' 라는 말의 헬라어 '에게네

토(기노마이=되다) 세이스모스(지진) 메가스(큰), 카이 토 데카톤(서수 열 번째) 데스 폴레오스(폴리스=성) 에페센(핍토=넘어지다)'는 '큰 지진이 일어나 성이 열 번째로 무너졌다.' 라는 말로 이는 예루살렘에 열 번째 큰 지진이 난 것을 말한다. 그런데 여기서 십분의 일이 무너졌다는 말을 십분의 일로 해석해도 괜찮고 열 번째 큰 지진이라 해도 괜찮다. 왜냐하면 예루살렘에 큰 지진이 열 번째 나게 되면 예루살렘의 10분의 1이 무너지기 때문이다. 그러므로 예루살렘 성의 10분의 1이 무너질 정도로 큰 지진이 나면 곧 그것이 예수님 때부터 10번째가 될 것이다.

'죽은 사람이 칠천이라.' 이 말의 헬라어 '킬리아데스(1000) 헵타(7)'는 7x1.000=7.000으로 칠천 명을 말한다. 여기서 7은 완전 수인 하나님을 의미하고, 천은 충만 수인 10의 3제곱이기에 이 말은 두 증인에게 대항했던 상당히 많은 수가 하나님에 의해 죽었다는 뜻이다(계 12:16). 다시 말해 7천이라는 말은 많은 수를 말하는 관용어인데 이들이 하나님께 대항하다 죽었다는 말이다. 마태복음 27장 51~53절을 보면 예수님이 죽을 때 많은 사람이 살아났던 것에 반해 본 절은 예루살렘 정복에 적극 관여하고 두 증인을 죽이는데 적극 동조한 사람들이 많이 죽었다고 한다. 아마 이들은 주전 170년 시리아의 안티오쿠스 4세가 이스라엘을 정복할 때 적극 관여한 제사장 야손과 메넬라오스와 같은 사람들일 것이다.

'그 남은 자들이'라는 말은 당시엔 믿지 않았지만 후에 믿은 자들로 이들은 두 증인의 죽음을 보고 처음엔 조롱했지만 그들의 부활을 목도하자 두 증인의 말이 사실임을 알고 7천명 외에 예수를 믿고 늦은비 추수의 대상이 된 이스라엘 사람들을 말한다(약 5:7;계 14:14~20; 겔 14:22). '두려워하여 영광을 하늘의 하나님께 돌리더라.' 이는 예수님이 죽을 때 회개하고 돌아온 백부장과 같이(마 27:54) 두 증인이 죽었을 때 도 역시 회개하고 많은 사람들이 주님께 돌아왔다는 말이다. 본절은 계시록에서 유일하게 두려워하여 하나님께 영광을 돌렸다는 말이 나온다. 그러므로 이들이 바로 후 삼년 반인 늦은 비의 추수 대상이 되는 것이다.

관용어적으로 후 삼년 반에 예루살렘에 큰 지진이 나서 성 10분의 1이 무너지면 그것을 보고 회개하고 돌아와 늦은 비의 추수 대상이 생겨날 것이라는 말이다.

여섯째 나팔에 계10장~11:14절까지 포함시킨 이유는

계시록 11장 14절을 보면 "둘째 화는 지나갔으나 보라 셋째 화가 속히 이르는도다"하고 있는데 10장과 11:1~2절은 미니책과 갈대를 준 미가엘 천사의 말이고, 3절은 하나님의 말씀이고, 12절은 예수님의 말씀이고, 14절은 독수리천사의 말이고, 15절은 천사의 찬양이고, 16절 부터는 24장로의 찬양이다. 여기서 '속히 오리라'라는 '다퀴(갑자기)'는 긴박성을 말하는 관용어이다. 이 부분은 저의 책 계22:20절을 반드시 참고하라

'둘째 화는 지나 같으나'하고 있는데 여기서 둘째 화는 여섯째 나팔

에 해당되는 화를 의미한다(계9:13~11:14). 이 둘째 화 다음에 임할 '셋째 화'는 일곱째 나팔과 연결된다. '일곱째 나팔'은 계10:7에서 약속하신 하나님의 감추신 비밀인 7대접 재앙을 말한다. 다시 말해 일곱 번째 나팔은 읽곱 대접 재앙의 시작을 알리는 나팔이다.

그런데 여섯째 나팔은 계9:13~21절에 해당하는 세계 전쟁을 말하는 나팔인데, 여섯째 나팔을 계9:13~11:14절까지 보는 이유는 계11:15절에 일곱 번째 나팔을 불기 때문에 그 안에 있는 내용은 다 여섯 번째 나팔안에 해당한다고 보기 때문이다. 그런데 이렇게 여섯째 나팔 재앙은 계9:13~21절에서 끝나는데 계10장~11:14절이 더 나오는 이유는 이 부분이 삽경이기 때문이다. 이렇게 삽경을 쓴 이유는 첫 번째 나팔부터 여섯 번째 나팔재앙의 배후에 있던 두 증인을 설명하기 위해서였다. 삽경은 앞에서 말씀 드렸듯이 오버랩 기법으로 앞에서 설명하지 못했던 부분을 다시 설명하는 계시록의 기법이다.

관용어적으로 두증인은 첫 번째 나팔 재앙부터 여섯째 나팔 재앙의 배후에서 활동했는데 이들을 설명하기 위해 오버랩 기법으로 계10장~11:14절을 설명하고 있는 것이다.

천년왕국은 이세상 나라와 하나님의 나라가 하나가 되는때이다.

계시록 11장 15절을 보면 "일곱째 천사가 나팔을 불매 하늘에 큰 음성들이 나서 이르되 세상 나라가 우리 주와 그의 그리스도의 나라가 되어 그가 세세토록 왕 노릇 하시리로다 하니"하고 있는데 본 절 천사들의 찬양과 17~18절 24장로의 찬양이 두증인이 부활 승천했기에 그들의 승천을 환영하는 찬양인 것 같이 보이나 실상은 일곱 번째 나팔을 분 것을 찬양하는 내용이다. 왜냐하면 일곱 번째 나팔을 불면 곧 바로 계10:7절의 하나님의 비밀인 일곱대접 재앙이 시작되기 때문이다. 여기서 기억해야 할 것은 일곱 번째 나팔 재앙에 계12~14장은 들어가지 않는다. 왜냐하면 이는 계9장을 오버랩 기법인 삽경으로 다시 설명하는 것이기 때문이다.

'일곱째 천사가 나팔을 불매'하고 있는데 이 일곱 번째 나팔은 폭풍 전야를 알리는 나팔이다. 왜냐하면 이 나팔을 불면 이것이 신호가 되어 마지막 일곱대접 재앙이 오기 때문이다. 이 폭풍전야에 삽경으로 나오는 것이 있는데 그것이 계12~14장이다. 혹자들은 일곱 나팔 재앙을 불완전한 재앙이라 하는데 실상은 완전한 재앙이다. 왜냐하면 본 절에서 일곱 번째 나팔이 이미 불어진 상태이기 때문이다.

이렇게 일곱 번째 나팔이 불자 찬양이 나오기 시작하는데 이 찬양이 14장과 15장에도 나온다. 이는 후 삼년반에 남겨진 모든 자들이 대환난을 당하는 동안 공중 재림에 참여한 자들은 시온산인 혼인찬치에 참여했기에 너무 기뻐서 찬양예배를 드리는 것이고, 24장로와 생물천사와 천군 천사들은 보좌 앞에서 공중 재림이 임했기에 너무 기뻐 역시 찬양예배를 드리는 것이고, 후 삼년반의 순교자들 역시 유리바닷가에서 자기들을 죽인 원수들이 고난을 당하는 것을 보고 신원하시는 하나님을

제3강 · 111

찬양하기에 찬양이 나오는 것이다.

"하늘에 큰 음성들이 나서 이르되" 이 말은 천사들의 음성으로 삼위 하나님을 찬양하는 음성이다.

또한 '세상 나라가 우리 주와 그의 그리스도의 나라가 되어'라는 말의 헬라어 '에게논토(기노마이=되다) 하이(그) 바실레이아이(나라) 투 코스무(우주.세상) 투 퀴리우(주) 헤몬(우리의), 카이 투 크리스투(그리스도) 아우투(3인칭 대명사=그)'는 '세상 나라가 우리 주와 그리스도의 나라가 되다'라는 말로 '에게논토'는 '기노마이'의 부정과거로 이는 과거에 이미 세상나라가 그리스도의 나라가 되었다는 말인데 천사들은 언제나 과거형으로 쓰고 있다. 왜냐하면 미래에 반드시 이루어질 사건이기 때문이다. 그러므로 이 말은 과거에 세상나라가 하나님과 주님의 나라가 되었다는 말이 아니라 미래에 있을 것을 현재시점에서 과거시제로 고백하는 것이다. 계시록에서는 이런 말들이 많이 나오는데 특별히 찬양을 할때는 언제나 이렇게 표현한다. 이렇게 세상나라와 그리스도의 나라가 하나 되는 실제적인 때는 천년왕국때 밖에 없다. 왜냐하면 이때는 마귀와 두 짐승이 천년동안 무저갱에 갇혀있는 시기이기에 실제로 세상나라가 하나님의 나라가 되어 천년동안 천국의 기쁨을 맛보는 때이기 때문이다. 또한 천국은 세상 나라가 들어갈수 없는 곳이기에 이렇게 세상나라와 하나님의 나라가 하나 되는 시기는 천년왕국때 밖에 없는 것이다. 이 부분은 저의 책 계16:8절을 참고하기 바란다.

그런데 여기서 '우리주'는 하나님을 의미하는 말이고 그리스도는 예수님을 의미한다. 만약 이 말에 헬라어'카이'가 들어가지 않았으면 우리 주 그리스도의 나라가 되었을 것인데 중간에'카이'가 들어갔기에 "우리 주"는 하나님을 의미하고, "그리스도"는 예수님을 의미 하는 말이 되는 것이다.

'그가 세세토록 왕 노릇하시리로다'하고 있는데 여기서 세세토록이라는 말은'영원히'를 말하는 관용어이다. 그러므로"세세토록 왕 노릇 하리로다"라는 말은 하나님과 주님이 천년왕국에서 왕 노릇하시다가 결국엔 새예루살렘에서 영원히 왕 노릇 하신다는 말이다. 그런데 여기서 '왕 노릇하시리로다'의 헬라어 '바실류세이'는 단수이다. 이것은 사단에게서 이 세상의 주권을 완전히 되찾으셨다는 말로 이렇게 완전히 뒤찾는 때는 천년왕국 때 뿐이다. 지금은 마귀와 주님이 이 세상을 공동으로 통치하시지만 천년왕국 부터는 삼위 하나님이 단수로 통치하는 시기이다.

관용어적으로 이세상 나라와 하나님의 나라가 하나가 되는 때는 천국왕국 때이다. 왜냐하면 천국은 세상나라가 들어 갈수 없는 곳이기 때문이다. 그러므로 이 말은 천년왕국을 말하는 말이다.

장차가 빠진 이유

계시록 11장 16~17절을 보면 "하나님 앞에서 자기 보좌에 앉아있던 이십사 장로가 엎드려 얼굴을 땅에 대고 하나님께 경배하여, 이르되 감사하옵나니 옛적에도 계셨고 지금도 계신 주 하나님 곧 전능하신 이여 친히 큰 권능을 잡으시고 왕 노릇 하시도다.” 하고 있는데 24장로는 성도들의 대표로 저의 책 계 4:4절을 참고 바란다. 또한 엎드려 경배하는 것은 최상의 존경을 표하는 관용어이다.

'옛적에도 계셨고 지금도 계신 주 하나님'이라는 말은 하나님의 영원하시고 자존하시는 속성을 말하는 관용어이다. 그런데 시내 사본에는 '옛적에도 계셨고 지금도 계신' 다음에 '장차 오실'이라는 말이 삽입되었으나 알렉산드리아 사본과 바티칸 사본과 한글 개정 성경에서는 '장차 오실이'라는 말이 생략되었다. 그러나 뉘앙스 상 장차라는 말이 빠지는 것이 더 자연스럽다. 왜냐하면 이때 주님은 시온 산에 계심으로 이미 공중 재림이 이루어 졌는데 또 공중 재림을 운운하는 장차가 들어가면 문장이 어색해지기 때문이다. 장차란 말은 계시록에서 공중 재림을 지칭하는 관용어이다. 그러므로 이 말이 빠졌다는 것은 곧 공중 재림이 이미 임했다는 뜻이다. 또한 24장로의 찬양이 보좌 앞에서 이루어지고 있기 때문에 이는 하나님을 찬양하는 찬양인 것이다. 그러므로 본 절에서 장차라는 말이 빠짐으로 이는 하나님을 찬양하는 경배 찬양임을 알 수 있는 것이다.

한편 '잡으시고'로 번역된 헬라어 '에일레파스'는 '잡다'라는 '람바노'의 완료 시상으로 이미 하나님께서 세상을 다스리실 주권을 소유하고 계심을 의미하는 말이다.

관용어적으로 장차가 빠진 이유는 이미 공중 재림이 임했기 때문이고 또한 이 찬양이 하나님을 찬양하는 것이라는 말이다.

24장로의 찬양 내용

계시록 11장 18절을 보면 "이방들이 분노하매 주의 진노가 내려 죽은 자를 심판하시며 종 선지자들과 성도들과 또 작은 자든지 큰 자든지 주의 이름을 경외하는 자들에게 상 주시며 또 땅을 망하게 하는 자들을 멸망시키실 때로소이다 하더라." 하고 있는데 이 말은 시편 2장 1절 이방 나라들의 반역적 행위에 대해 놀라움과 조소를 나타내는 것을 관용어적으로 반영한 것이다.

'이방들이 분노하매 주의 진노가 내려'라는 말의 헬라어 '카이타 에덴(에도노스=이방) 올기스데산(올기조=격노하다) 카이 엘덴(엘코마이) 호 올게(진노, 복수) 수(당신의)'는 이방인들에게 격노하셔서 그들에게 진노(복수)를 내렸다 라는 말인데 이를 현대어 성경에서는 "여러 나라들이 하나님께 불손했으니"로 해석하고 있다. 이렇게 하나님께 이방인들이 불순종하며 대항하자 하나님은 격노하셔서 그들을 심판하실 것이라는 말이다.

'죽은 자를 심판하시며"라는 말은 이렇게 이방인들이 하나님의 격노하심을 받을 짓만 했기에 이제 그들을 심판하실 때가 오면 그들을 심판하실 것이라는 말로 여기서 죽은 자들은 계시록 20장 11~15절에 나오는 둘째 사망(부활)에 거할 자들로 백보좌 심판을 받아 지옥 갈자들을 말한다.

'종 선지자들과 성도들과 또 작은 자든지 큰 자든지 주의 이름을 경외하는 자들에게'라는 말의 헬라어 '토이스 둘로이스(종) 수 토이스 프롭헤타이스(선지자), 카이 토이스 하기오이스(성도) 카이 토이스 프호부메노이스(경외) 토 오노마이(이름) 수(당신)'는 '당신의 선지자 종과 성도와 당신의 이름을 경외하는 자들'이라는 말로 여기서 세 부류의 사람들인 하나님의 종 선지자들은 구약의 선지자들을 말하고, 성도들은 순교자들을 말하고, 하나님을 경외하는 자들은 물과 성령으로 거듭 난 모든 성도들을 말한다. 그러므로 상 받는 자들은 선지자, 순교자, 성도임을 알 수 있다. 이들은 이미 상을 받아 공중 재림에 참여했고 그 이후에는 천년왕국과 새 예루살렘에서 영원히 왕 노릇 할 것이다. 그리고 나머지 구약 백성들과 신자들은 천년왕국이 임하면 천 년 동안 수면에 들어가고 새 예루살렘인 천당에 들어가지 못하고 천국에 들어가게 될 것이다. 이 부분은 저의 계 20장을 반드시 참고하기 바란다.

"상 주시며"라는 말의 헬라어 '두나이(디도니=주다) 톤 미스돈(미스도스=임금, 보상)'는 보상을 준다는 말로 여기서 보상은 이미 공중 재림이 임했기에 천년왕국과 새 예루살렘에 들어가게 해 주신다는 말이다. 이 "상"이 공중 재림이 아닌 이유는 지금 시점이 두 증인이 죽은후 삼년 반인 공중 혼인 잔치가 벌써 열렸기 때문이다.

"또 땅을 망하게 하는 자들을 멸망시키실 때로소이다"라는 말의 헬라어 '카이 디압흐데이라이(멸망, 파괴하다) 투스 디압흐데이론타스(망하게) 텐 겐(땅)'는 땅을 망하게 하는 자들을 파기시킬 때라는 말로 이렇게 땅을 멸망시키는 때는 7대접 재앙 시기와 지옥을 말하는데 본절이 대접재앙을 의미하는 이유는 15절 세상나라와 주님의 나라가 하나되는 시기를 말하기에 이 시기는 천년왕국밖에 없기에 본 절은 지옥이아닌 대접재앙을 의미하며 19절도 역시 그렇다고 본다.

그러므로 '이방들이 분노하매 주의 진노가 내려 죽은 자를 심판하시며 종 선지자들과 성도들과 또 작은 자든지 큰 자든지 주의 이름을 경외하는 자들에게 상 주시며' 는 백보좌 심판과 천년왕국과 새 예루살렘 때에 있을 사건을 하나의 노래로 미리 언급하고 있지만 '또 땅을 망하게 하는 자들을 멸망시키실 때로소이다 하더라.'라는 말은 7대접 재앙을 앞두고 하는 말이다.

관용어적으로 16절에서 18절까지는 24장로가 찬양하는 내용인데 본 절 18절은 현재 시점인 7대접 재앙을 앞두고 하나님을 거역하는 자들에게는 심판인 7대접과 백보좌 심판을 받게 될 것을 미리 선포하는 말씀이다. 선지자들과 성도(순교자)들과 경외(물과 성령으로 거듭난 자)하는 자들은 천년왕국과 아버지의 집에서 영원히 왕 노릇 할 것을 미리 언급하는 찬양이다.

성전과 언약궤의 의미

계시록 11장 19절을 보면 "이에 하늘에 있는 하나님의 성전이 열리니 성전안에 하나님의 언약궤가 보이며 또 번개와 음성들과 우레와 지진과 큰우박이 있더라." 하고 있는데 15절에서 18절까지가 천사와 24장로의 찬양이라면 본 절인 19절은 15절 일곱 번째 나팔을 분 상태로 다시 돌아가서 진행되는 오버랩 기법으로 기록되었다. 그런데 이렇게 찬양이 나오면 계시록에서는 언제나 큰 사건이 등장하는데 그 사건은 이후에 진행될 사건들과 7대접 재앙을 의미한다.

'이에 하늘에 있는 하나님의 성전이 열리니' 여기서 성전에 해당하는 헬라어는 성전 전체를 의미하는 '히에론'이 아니라 성소를 의미하는 "나오스"로 되어 있다. 본 절을 보면 성전과 언약궤가 나오는데 계시록 21장 22절을 보면 새 하늘과 새 땅에는 성전과 언약궤가 없다고 나온다. 그런데 이렇게 등장하는 것은 성전과 언약궤를 배경삼아 그 성전과 언약궤의 관용어를 부각시켜 다른 어떤 것을 설명하기 위해서이다.

그러므로 본 절의 성전은 하나님을 상징하고 열린 것은 미션을 의미한다. 즉 이렇게 성전이 열렸다는 말은 하나님으로부터 어떤 계시(미션)가 떨어졌다는 말이다. 이 말을 설명하려고 성전이 열렸다고 하고 있는 것이다.

'성전 안에 하나님의 언약궤가 보이며' 앞에서 말씀드렸듯이 새하늘과 새 땅에는 성전이 없음으로 당연히 언약궤도 없다. 그러므로 본 절의 언약궤도 관용어적 의미를 설명하려는 것인데 그것은 바로 약속이다. 즉 하나님은 어떤 희생이 따르더라도 약속한 것은 반드시 지키신다는 의지의 표명으로 지금 언약궤가 등장하고 있는 것이다. 언약궤는BC 586전에 느브갓네살의 침략과 성전의 손실로 파괴되었다. 그러나외경에 의하면 예레미야가 이스라엘의 회복 때까지 언약궤를 숨겨둔 것으로 되어 있다(마카비2서 2:4~8).

'또 번개와 음성들과 우레와 지진과 큰 우박이 있더라.'하고 있는데 앞에서도 말씀드렸듯이 번개와 음성과 우레는 관용어적으로 형벌의 예고이지만 지진이나 큰 우박은 관용어적으로 형벌의 집행을 의미한다. 그런데 본 절에 지진과 큰 우박이 있다는 것은 이는 형 집행을 시작했다는 말로 대접재앙을 염두해 두고 하는 말이다. 왜냐하면 15절과 18절이 대접재앙을 의미하기 때문이다.

관용어적으로 본 절에서 성전이 열리고 언약궤가 보였다는 말은 하나님께서는 약속한 것은 반드시 지키시겠다는 강한 의지의 표명을 말하는 것이고, 지진과 우박이 있다는 것은 형 집행이 이루어지기 시작했다는 말이다.

하존 요한 계시록 3

제 4 강

계시록 12 장

| 계 12 장

계12장 요약

계시록 12장 1절을 보면 "하늘에 큰 이적이 보이니 해를 옷 입은 한 여자가 있는데 그 발 아래에는 달이 있고 그 머리에는 열두 별의 관을 썼더라." 하고 있는데 계시록 12장을 들어가기 전 먼저 계시록 12장의 내용을 요약하여 살펴보도록 하겠다.

계시록 11장이 예수님처럼 3년 6개월 공생애를 살며 능력을 행하다 예수님처럼 3일 반 만에 부활한 두 증인을 다루었다면, 계시록 12장은 9장의 황충이 왜 여자가 낳은 자를 핍박했는지 그 이유가 나오는데 그 것은 여자가 달을 밟았기 때문이다. 그런데 이렇게 여자의 후손인 예수가(창 3:15) 실제적으로 언제 뱀의 후손인 달(마귀)을 밟았는지 알려 주는 것이 계시록 12장의 내용이다. 그것은 누가복음 10장 18절 칠십인 제자 파송 시 마귀가 땅으로 쫓겨났기에(계 12:7) 여자에게 앙갚음을 하려 했기 때문이었다. 그러므로 12장은 이 누가복음 10장 18절의 내용을 설명하는 장이며 그 후 마귀의 반응을 설명하는 장이다.

관용어적으로 우리말에 지렁이도 밟으면 꿈틀한다고 하는데 계시록 12장은 여자가 달을 밟으니 달인 지렁이(마귀)가 꿈틀하며 반항하는 것이 기록된 장이다.

해를 입은 여자라

계시록 12장 1절을 보면 "하늘에 큰 이적이 보이니 해를 옷 입은 한 여자가 있는데 그 발 아래에는 달이 있고 그 머리에는 열두 별의 관을 썼더라." 하며 '하늘에 큰 이적이 보이니' 하고 있다. 이 말의 헬라어는 '세메이온(표적, 이적) 메가(큰)'로 여기서 '세메이온'은 '표징, 표적,기적'을 말하는 것으로 계시록 12장은 어떤 큰 기적으로부터 시작되는데 그것은 여자가 달을 밟은 것을 말한다. 이렇게 큰 기적이 계시록 12장에 등장하는 것으로 보아 12장은 앞으로 큰 사건이 진행될 것을 예고하고 있다.

'해를 옷 입은'이란 말의 헬라어 '페리베블레메네(페리발로=입다) 톤 헬리온(헬리오스=해)'는 해를 입은 것을 말하는데 '해'는 사람에게 특별한 은혜를 베풀고, 사람과 동식물의 광합성 작용을 하게 하여 구원하고, 달과 같이 변화무쌍하지 않고 언제나 그 모양이 둥글어 변함이 없다. 그래서 해는 관용어적으로 구원과 은혜를 말한다.

'한 여자가' 라는 말의 헬라어 '귀네'는 '부인'이란 뜻을 가지고 있는데 계시록 12장의 관건은 이 여자를 어떻게 해석하느냐 따라 그 해석이

제4강 · 123

달라진다. 혹자는 이 여자를 '마리아'라 하고 또 다른 사람은 '유대민족' 또는 '유대교'를 말한다고 하고, 또 다른 혹자는 이 여자는 '교회'를 상징한다고 주장하는데 여자는 본래 낳는 역할을 한다.

그래서 여자는 관용어적으로 낳는 자와 낳은 자를 말한다. 왜냐하면 계시록 12장 5절을 보면 "여자가 남자를 낳으니" 하고 낳는 자로 말하고 있다. 그런데 이렇게 여자(성령의 속성이 여성적이기에 본 절의 여자는 성령을 상징함)가 낳는 자로 낳은 자는 이스라엘과 예수님과 교회와 성도이다. 여자가 자녀를 낳을 때 한 명만 낳는 것이 아니라 많은 자녀를 낳는것 같이 본 절도 여자는 낳는 자로 이스라엘과 예수님과 교회와 성도라는 4형제를 낳은 것이다. 그러므로 본 절의 여자를 해석할 때는 낳는 자로 할 때는 마리아를 말하고, 낳은 자로 할 때는 4형제로 해석해야 한다.

그러므로 본 장의 여자는 경우에 따라서 낳는 자로 말할 때는 마리아를, 낳은 자로 말할 때는 이스라엘과 예수님, 교회와 성도를 말한다. 그래서 본 장의 여자는 처녀인 '팔네로스'가 아닌 '귀네' 부인으로 되어있는 것이다. 왜냐하면 자녀는 처녀가 낳는 것이 아니라 부인이 낳는 것이기 때문이다.

그러므로 '해를 옷 입은 한 여자가 있는데' 할 때 이 여자는 '해'가 관용어적으로 '은혜'이기에 결국 이 말은 한 부인이 하나님으로부터 많은 은혜를 받았다는 말이다. 그런데 이렇게 하나님의 큰 은혜를 입은 여자가 그 발 아래에 달을 밟고 있다는 것이다. 여기서 '발(푸스)'은 힘이 있기에 관용어적으로 힘을 상징한다. 그런데 그 힘 있는 발로 달을 밟고 있다는 것이다. 이렇게 여자의 후손이 달을 밟을 것에 대하여 창세기 3장 15절을 보면 "내가 너로 여자와 원수가 되게 하고 너의 후손도 여자의 후손과 원수가 되게 하리니 여자의 후손은 네 머리를 상하게 할 것이요 너는 그의 발꿈치를 상하게 할 것이니라." 하고 있는 것이다.

'달이 있고' 하며 여자의 발 아래 곧 여자의 후손인 예수님의 발 밑에 달이 있다고 하고 있다. 달이라는 말의 헬라어 "셀레네"는 달이라는 뜻도 있지만 유혹이라는 뜻도 있다. 달은 마치 꽃뱀처럼 변화무쌍해서 둥근달이 있는가 하면 반달이 있고 초승달도 있다. 달이 변화무쌍하다는 말은 기만을 잘하고 유혹을 잘한다는 말이다. 그래서 '셀레네' 라는 말에 유혹이라는 말이 들어 있는 것이다. 그런데 이렇게 역사적으로 아담과 하와를 유혹해 타락시킨 존재가 있었는데 그가 바로 마귀이다. 그러므로 본 절의 달은 마귀를 상징하는 것이다. 그러므로 본 절의여자가 발로 달을 밟고 있다는 말은 곧 창세기 3장 15절의 여자의 후손이 뱀인 마귀를 밟고 있다는 말이다.

"그 머리에 열두 별의 관을 썼더라." 하고 있는데 여기서 그 머리는 여자의 머리를 말한다. 이는 여자가 머리에 왕관인 면류관을 썼다는 말이다. 그런데 그 왕관인 면류관은 12개의 별을 달아 장식했다는 것이다. 그러므로 그녀의 머리에는 열두 별이 반짝이고 있는 것이다. 그런데 여기서 12별은 12 조상(창 37:9)을 의미함으로 이는 이 여자가 12지파의 조상을 낳을 것을 예고하는 말로 누가복음 3장 23절을 보면 하나님이 우리의 조상이라 말함으로 이 12지파의 조상은 바로 예수님을 말하는 것이다. 또한 숫자 12는 관용어적으로 약속을 성취할 기초가 성립됐다는 말로 이 여자가 이스라엘 12지파에게 약속하신 메시아인 예수를 낳을 여자임을 지금 예고하고 있는 것이다. 그래서 5절을 보면 결국 메시아를 낳게 되는 것이다.

관용어적으로 해를 입은 여자는 하나님의 은혜를 충만하게 받은 마리아를 말하고, 이 여자가 달을 밟고 있다는 말은 이 여자의 후손이 달인 마귀를 밟을 것을 말하는 것이고, 면류관에 12별이 있다는 말은 이스라엘의 조상이신 예수님(하나님)을 낳을 것을 말하는 것이다. 12지파인 이스라엘에게 약속하신 메시아를 이 여자가 낳을 것을 말한다.

여자가 해산하며 부르짖더라

계시록 12장 2절을 보면 "이 여자가 아이를 배어 해산하게 되매 아파서 애를 쓰며 부르짖더라." 하고 있는데 본 장 12장은 여자와 여자가 낳은 이스라엘과 예수와 성도와 교회인 4형제에 대한 이야기를 다루는 장인데 본 절은 여자인 마리아가 예수님을 잉태한 후 출산하는 장이다.(여자를 낳는 자로 할 때는 마리아를 말하고, 낳은 자로 할 때는 이스라엘과 예수님과 교회와 성도를 말한다.) 주석가들은 본 절을 난해 구절로 생각해 해석을 못한다. 왜냐하면 여자를 이스라엘이나, 성도나, 교회로 해석을 하면 뒤에 가면 서로 모순이 되기 때문이다. 그러나 저처럼 여자를 낳는 자로 해석을 하면 여자를 여자로 보지 않고 마리아나, 교회나, 성도나, 예수님으로 해석을 해도 되기 때문이다.

'아파서 애를 쓰며 부르짖더라.'라는 말의 헬라어 '카이 크라제이(크라조=외치다, 소리치다) 오디누사(오디노=해산의 고통)'는 해산의 고통으로 소리치는 것을 말하는데 여기서 '부르짖더라.'라는 말이 사본마다 그 해석이 다르다. 시내 사본과 알렉산드리아 사본과 풀피리안 사본과 한글 개정성경에서는 '부르짖더라'가 계속적 진행을 나타내는 현재형 '크라제이'로 되어 있지만 에브라임 사본과 벌게이트역 사본에서는 과거에 진행되었던 사실을 나타내는 미완료 과거형인 '에크라젠'으로 되어 있다. 그런데 '아파서 애를 쓰며 부르짖더라.'라는 말이 지금 부르짖고 있음을 나타내기에 현재형으로 해석해야 한다. 왜냐하면 여자가 지금 해산을 하며 부르짖고 있기 때문이다.

관용어적으로 여자가 해산의 고통을 하며 부르짖는 것은 마리아가 예수님을 출생하며 부르짖는 것을 말한다.

예수님을 패러디한 용

계시록 12장 3절을 보면 "하늘에 또 다른 이적이 보이니 보라 한 큰 붉은 용이 있어 머리가 일곱이요 뿔이 열이라 그 여러 머리에 일곱 왕관이 있는데" 본 절 1, 2절이 예수님의 프로필(이력)을 설명하는 것이라면 3절 이하는 후 삼년 반의 주인공인 마귀의 프로필을 예수님과 비

제 4 강 · 127

교 설명하는 것이다.

"하늘에 또 다른 이적이 보이니" 하고 있는데 1절의 이적이 여자에 대한 이적이라면 본 절의 이적은 큰 붉은 용에 대한 이적이다. 그런데 1절에서도 이적이 나타나고 본 절 3절에도 이적이 나타나고 있는데 이렇게 한 장에 이적이 두 번씩 나옴으로 12장에서는 어떤 큰 사건이 일어날 것을 예고하고 있는 것이다.

"큰 붉은 용이 있어 머리가 일곱이요 뿔이 열이라." 하고 있는데 여기서 '붉은'이라는 말의 헬라어는 '쀨로스(붉은)'은 지옥과 피의 빛깔로(계 6:4) 사단의 살인 성을 나타내는 관용어이고, 용은 하나님을 대적하는 사단을 의미하는 말로 구약에서 용은 '사단', '라합'(욥 26:12;사 51:9), '하마'(욥 40:15~24), '리워야단'(사 27:1) 등으로 표현하고 있다.

'머리가 일곱이요 뿔이 열이라.'는 말의 헬라어 '켐헬라스(켐할레=머리) 헵타(7) 카이 케라타(케라스=뿔) 데카(10)'는 일곱과 열 뿔이라는 말로 여기서 일곱 머리는 제국을 말하고, 뿔은 관용어적으로 힘인 파괴력을 가진 왕을 말한다. 그러므로 일곱 머리 열 뿔이란 일곱 제국 열 왕을 의미하는 말로 자세한 내용은 계시록 17장 9~12절에서 설명하도록 하겠다.

'그 여러 머리에 일곱 왕관이 있는데' 여기서 '일곱 왕관'이라는 말의 헬라어 '디아데마타(디아데마=왕관) 헵타(7)'는 일곱 면류관을 말한다. 어거스틴은 마귀는 창조자가 아니라 이미테이션(모방, 짝퉁)하는 자라고 했다. 용이 일곱 머리와 열 뿔을 가지고 있으며 그 머리에 일곱 왕관을 가지고 있다고 했는데 계시록 19장 12절을 보면 "그 눈이 불꽃 같고 그 머리에 많은 면류관이 있고 또 이름 쓴 것이 하나가 있으니 자기밖에 아는 자가 없고" 하며 예수님은 머리에 많은 면류관을 가지고 있다고 하고 있다. 그런데 마귀는 이미테이션(모방, 흉내) 하기에 이는 예수님을 패러디(우스꽝스러운 흉내)해서 일곱 머리와 열 뿔과 면류관을 쓰고 있는 것이다.

관용어적으로 마귀는 모방자이지 창조자가 아니기에 7머리 10뿔과 면류관은 예수님을 패러디 한 것이다.

하늘의 별 삼분의 일을 끌어다가 땅에 던졌다는 말

계시록 12장 4절을 보면 "그 꼬리가 하늘의 별 삼분의 일을 끌어다가 땅에 던지니라 용이 해산하려는 여자 앞에서 그가 해산하면 그 아이를 삼키 하더니" 하고 있는데 여기서 꼬리(우라)는 관용어적으로 속임, 거짓말을 말한다.

'하늘의 별'의 헬라어 '아스테론(별) 투 우라누(하늘)'은 하늘의 별을 말하는데 본 절에서는 별로 되어 있지만 본장 7절을 보면 용과 함께 타락한 사자 즉 앙겔로스(천사)로 되어 있다. 그리고 계시록 1장 20절 별

제 4 강 · 129

을 사자 즉 앙겔로스(천사)라 함으로 이는 천사를 말하는데 유대의 전승에 의하면 제1천사장 미가엘 천사장의 쌍둥이가 루시엘인데 그가 사단이 되었다고 한다. 또한 아포크라페라는 에녹서 1권을 보면 별을 천사로 말한다. 그러므로 혹자의 주장처럼 별이 타락한 목사를 말하는 것이 아니라 천사의 타락을 말하는 것으로 곧 사단의 타락을 말하는 말이다. 왜냐하면 사단도 천사장 중 하나였기 때문이다.

'삼분의 일을 끌어다가' 라는 말의 헬라어는 '쉬레이(끌다, 당기다) 토 트리톤(세 번째)'은 '세 번째를 끌어당겼다'는 말로 이는 하늘의 천사 삼분의 일이 타락했다는 말이 아니라 세 번째로 많은 천사를 보유했던 천사장이 그 소속된 무리를 데리고 타락했다는 말이다. 첫 번째로 많은 천사를 보유한 천사장은 미가엘이고, 둘째로 많은 천사를 보유한 천사장은 가브리엘이고, 세 번째로 많은 천사를 보유한 천사장은 사타나엘이었는데 그런데 이 세 번째로 많은 무리를 이끌었던 사타나엘(사단)이 그를 따르던 천사들을 이끌고 타락했다는 말이다. 그리고 여기서 '끌어다가'라는 말은 '이끌고'라는 뜻으로 즉 세 번째로 많은 천사들을 보유했던 사단이 그 많은 천사들을 이끌고 타락했다는 말이다.

그런데 여기서 머리가 아닌 꼬리로 타락시켰다고 함으로 이는 정당한 방법이 아닌 거짓말과 속임수를 써서 타락시켰다는 말이다. 왜냐하면 꼬리는 속임수와 거짓 선지자를 말하는 관용어이기 때문이다.

"땅에 던지니라." 하고 있는데 여기서 땅은 창세기 1장 2절을 보면 "

땅이 혼돈하고(흙탕물) 공허하며 흑암이 깊음 위에 있고" 하며 천지 창조시 땅이(우주) 혼돈 상태인 흙탕물 상태였다고 하는데 지금 사탄이 타락할 때 우주 상태가 흙탕물 상태에 흑암이 가득한 상태였다는 것이다(사 14:12). 그러므로 본 절의 땅은 창세기 1장 2절 상태인 우주가 흑암과 흙탕물인 상태인 가운데 흙탕물 상태인 땅(우주, 공중)으로 내려왔다는 것이다. 이것이 이사야 14장 12절 말씀과 본 절의 말씀인 것이다. 어거스틴은 사단이 둘째 날인 궁창을 창조하신 날 "보시기에 좋았더라." 라는 말을 하지 않았기에 이날 타락해 흑암에 가두었다고 하는데 창세기 1장 1~2절에 이미 흑암이 있었음으로 사단은 둘째 날이 아니라 우주가 창조되기 전에 이미 타락했던 것이다.

'용이(드라콘=용, 뱀의 전설적인 종류) 해산하려는 여자 앞에서 그가 해산하면 그 아이를 삼키고자 하더니' 라는 말을 혹자는 그리스의 신화에서 태어날 아이를 죽이고 그 아이가 받을 왕권을 찬탈하는 내용의 기사를 모티브(동기)로 했다고 하는데 이는 마태복음 2장 13~18절을 보면 헤롯왕이 동방박사들의 말을 듣고 아기 예수님을 죽이려고 두 살 이하의 아이들을 살해한 사건을 말하고 있는 것이다. 본 절에서 용은 사단(헤롯)을 말하고 여자는 마리아를 말하고 아이는 예수님을 말한다.

관용어적으로 하늘의 별 삼분의 일이 타락했다는 말은 용인 사단이 세 번째로 많은 천사 그룹을 이끌고 타락했다는 말이다.

예수님의 승천

계시록 12장 5절을 보면 "여자가 아들을 낳으니 이는 장차 철장으로 만국을 다스릴 남자라 그 아이를 하나님 앞과 그 보좌 앞으로 올려가더라."하고 있는데 본 절을 보면 예수님이 태어나는 과정과 부활하시는 과정이 나오는데 예수님이 고난 받으시는 장면과 죽는 장면은 나오지 않고있다. 그런데 이렇게 예수님이 고난당하시는 장면이 빠지고, 승천하시는 장면만 나온 것은 종말에 우리도 후 삼년 반 환난(고난)을 당하지 않고 휴거될 것을 시사하기 위해 의도적으로 뺀 것이다(계 3:10; 눅 21:18).

'여자가 아들을 낳으니'라는 말의 헬라어 '에테켄(틱토=낳다) 휘온(아들) 알흐레나(알흐렌=남자)'은 '남자 아들을 낳았다'라는 말로 여기서 아들인 명사 '휘오스'는 고전 헬라어에서는 인간의 아들과 동식물의 소생을 포함하는 아주 광범위한 의미의 '아들'로 사용되었다.

더 나아가 직접적인 부모가 아니더라도 조상들과 관련하여 일반적으로 '후손'을 의미하기도 했고, '손자'의 뜻으로 사용되기도 했다. 또한 스승과 제자의 관계에서도 이 말이 쓰였고 어떤 특정한 집단의 회원 자격이 아들이라는 단어로 표현되기도 했다. 70인 역과 신약 성경에서도 이런 의미로 사용되었지만 예수님과 하나님의 관계에서도 '휘오스'로 쓰였고 하나님과 성도의 관계에서도 휘오스로 사용되었다. 일반적으로 휘오스라는 말은 친아들을 말하는 용어로 사용되었다. 그러므로 본 절에서 여자가 아들을 낳았다는 말은 친아들을 낳은 것을 말한다. '장차 철장으로 만국을 다스릴 남자라'하고 있는데 이 말은 시편 2장 7~9절을 관용어적으로 반영한 것이다.

관용적으로 반영했다는 말의 뜻은 저의 책 계 2:26~27절에 자세히 설명되어 있으니 참고하기 바란다.

"그 아이를 하나님 앞과 그 보좌 앞으로 올려가더라." 하며 예수님이 승천하셨다고 하고 있는데 여기서 '올라가더라'라는 말의 헬라어는 '헬파스데(할파조=취하다, 잡아채다, 끌어당기다)'로 이는 휴거를 말하는 것인데 데살로니가전서 4장 7절에서 '끌어 올려 공중에서 주를 영접하게 한다'하며 성도의 휴거를 말하는데 이때 "끌어 올려"라는 말이 할파조(휴거)로 되어 있다. 그러므로 본 절은 예수님의 승천을 말하는 것이다.

관용어적으로 예수님이 고난당하지 않고 승천하셨다는 말은 우리도 후 삼년 반 환난을 받지 않고 휴거한다는 말이다.

철장권세 가지신 예수님

계시록 12장 5절을 보면 "여자가 아들을 낳으니 이는 장차 철장으로 만국을 다스릴 남자라 그 아이를 하나님 앞과 그 보좌 앞으로 올려가더라." 하고 있고 시편 2장 9절을 보면 "네가 철장으로 그들을 깨뜨림이여 질그릇 같이 부수리라 하시도다." 하며 하나님이 기름 부어 세우신 예수님은 철장 권세를 가지신 분이라 하는데 여기서 철장은 쇠막대기를 말한다. 그런데 이 쇠막대기로 흙으로 빚은 그릇을 깨는 일은 사실 식은 죽 먹기 보다 더 쉬운 일이었다. 쇠막대기로 흙 그릇을 내리치면 흙 그릇은 산산조각이 난다. 이와 같이 예수님은 마지막 심판의 때 그 철장권세로 악한 자들을 무자비하게 다스려 무서운 형벌을 내리신다는 것이다.

그런데 실제로 애굽의 왕들은 대관식(왕위 즉위식) 때에 주변 세계에 대한 자신의 통치권을 과시하기 위하여 주변 나라 외교 사절단을 초청해 놓고, 그들 나라 이름을 적은 질그릇을 만들어 놓고, 그 질그릇들을 쇠막대기로 깨뜨리곤 하였다고 한다. 이같이 애굽의 왕은 자신의 권세를 과시하기 위해 상징적으로 질그릇을 깨뜨렸지만 예수님은 '실제로' 심판의 날에 질그릇을 깨뜨림과 같이 온 세상을 심판하신다(계 2:27;12:5;19:15).

관용어적으로 철장권세는 백보좌에서 심판하시는 예수님의 무자비한 형벌을 말하는 말이다.

광야에서 1260일 양육 받는다

계시록 12장 6절을 보면 "그 여자가 광야로 도망하매 거기서 일천이백육십 일 동안 저를 양육하기 위하여 하나님의 예비하신 곳이 있더라." 하며 '그 여자가' 하고 있는데 이 말의 헬라어는 '헤 귀네(부인)'로 '부인'앞에 정관사 '헤'가 붙었다. 이는 2절과 5절의 여자와 본 절의 여자가 동일한 여자로 낳는 자로 말할 때는 마리아를 말하고, 낳은 자로 말 할 때는 예수님과 이스라엘과 교회와 성도를 의미한다.

"여자가 광야로 도망하매 거기서 일천이백육십 일 동안 저를 양육하기 위하여 하나님의 예비하신 곳이 있더라."라는 말은 예수의 모친 마리아가 실제로 예수께서 태어날 당시 애굽으로 피난하셨던 사건을 말하는데 이는 제2의 성서라는 책의 미지의 복음 편에 보면 예수님이 이집트에서 3년 피난생활을 마치고 3년이 지난 후에 천사의 격려로 유대 땅 나사렛으로 돌아왔다고 한다. 이 말은 두 증인에 의해 3년 반 양육을 받는 것을 말하는데 이때는 전 삼년 반의 기간을 말한다. 본 절에서 1260일은 관용어적으로 예수님의 애굽 피난기간과 예수님의 공생애 기간과 두 증인의 공생애 기간인 사역기간을 말하는 말이다.

'여자가 광야로 도망하매' 본 절의 여자는 앞에서 말했던 것 같이 낳는 자로 실상은 마리아를 말하지만 또한 마리아(성령)가 낳은 자로 물과 성령으로 거듭난 이스라엘 성도들을 말한다. 그리고 성경에서 광야는 교회를 말한다. 그래서 사도행전 7장 38절을 보면 출애굽한 이스라엘 백성들이 40년 광야생활을 광야에서 했다고 하지 않고 광야 교회에 있었다고 하고 있다. 그러므로 여자가 광야로 도망갔다는 말은 교회로 도망갔다는 말로 이때 두 증인이 활동하고 있음으로 이스라엘 성도들이 전 삼년 반에 두 증인이라는 두 목사님의 교회로 피난해 그곳에서 안전하게 말씀으로 양육을 받으며 또한 두 증인이 행하는 기적인 반석에서 물이 나고, 메추라기와 만나를 먹으며 안전하게 보호 받는 것을 말한다. 이렇게 이스라엘 성도들이 안전하게 보호를 받는 이유는 계시

제 4 강 · 135

록 3장 10절의 '테레소 에크'인 면해준다는 말과 누가복음 21장 18절의 머리털 하나도 상하지 않는다는 약속을 이루시기 위해서이다. 그리고 이때는 전 삼년 반에 해당하기에 그렇게 큰 환난이 이스라엘에서도 없을 것이다.

'양육하기 위하여 하나님의 예비하신 곳이 있더라.' 하고 있는데 여기서 '양육'은 두 증인에 의해 물과 성령으로 거듭나고 반석에서 물이 나오고 메추라기와 만나를 먹고 생활하는 것을 말하는 것이고, '하나님이 예비하신 곳'이란 두 증인의 교회를 말한다.

관용어적으로 광야는 교회를 말하고 1260일은 두 증인의 사역 기간으로 전 삼년 반에 두 증인의 교회로 이스라엘 성도들이 피해 두 증인으로 부터 물과 성령으로 거듭나는 말씀의 양육과 두 증인이 행한 기적으로 육체의 양육을 받는 것을 말하는 말이다.

광야에 대한 관용어

계시록 12장 6절을 보면 "그 여자가 광야로 도망하매 거기서 일천이백육십일 동안 저를 양육하기 위하여 하나님의 예비하신 곳이 있더라." 하고있고, 마태복음 4장 1절을 보면 "그 때에 예수께서 성령에게 이끌리어 마귀에게 시험을 받으러 광야로 가사" 하며 광야가 나오는데 광야를 헬라어로 '에레모스'라 하는데 이는 문자적으로 반드시 건조하고 메마른 땅만 가리키는 것이 아니라, 사람이 살지 않는 지역, 버려지고 황량한 처소라는 의미를 지니고 있다. 그런데 주님이 이렇게 시험을 받은 장소에 대하여는 여러 설이 있는데 일부 학자들은 모세와 엘리야의 40일 금식 처소인 시내 산으로 보기도 하고, 또한 일부 학자들은 다볼 산으로 보기도 하고, 혹자는 여리고 근처의 전설적인 시험의 장소로 보기도 한다(수 16:1). 그중에서 시험받은 장소가 세례 받은 장소에서 멀지 않았을 것이라는 점에서 마지막 장소인 여리고 근처로 보는 것이 가장 타당하다. 이를 뒷받침이라도 하듯이 십자군 원정 이후 이곳 지역을 그리스도의 '40일 금식' 지역으로 명명하였다.

한편 '광야'는 전통적인 유대 관념에 의하면 메시아 도래의 공개적 장소를 말한다. 그래서 광야는 예언자들의 활동무대가 되어 왔고, 세례 요한도 역시 '광야에 외치는 자'라는 칭호를 얻었다(마 3:3). 또한 광야에서 수도원 운동과 같은 엣세네파 공동체가 활동하기도 했다. 또한 요세푸스의 보고에 의하면 많은 사기꾼들이 광야를 주 무대로 백성들을 미혹했다고 하는데 이는 메시아의 출현 장소를 광야로 보았기 때문에 메시아를 흉내 내기 위해서 광야에서 활동한 것이다. 한편 성경 묵시서에서는 광야는 귀신들의 주 활동 무대로 말하고 있다(사 13:21;34:14; 마 12:43;계 18:2). 본 절에서 주님이 이렇게 광야에서 시험을 받은 이유는 묵시 문학에서 말하는 마귀(귀신, 아사셀 염소, 레 16:10)의 활동 무대이기에 그곳에서 마귀를 만나 시험을 받으러 갔기 때문이고, 또한 메시아의 도래적 장소이기에 시험이 끝난 후 메시아적 사명을 감당하기 위해서였다.

한편 혹자는 예수님이 마귀에게 시험을 받으러 광야로 갔지만 또한 이는 마귀에게 승리를 선포하기 위해 갔다고 말한다. 즉 마귀의 일이 멸한 것을 선포하러 갔다는 것이다. 왜냐하면 요한복음 16장 11절을 보면 "심판에 대하여라 함은 이 세상 임금이 심판을 받았음이라." 하는데(눅 10:18) 이는 주님이 아직 십자가에서 죽지 않았는데 벌써 마귀가 심판을 받았다고 하고 있기에 이는 본 절에서 이미 마귀의 일을 멸했기 때문이라 한다. 그러므로 이렇게 볼 때 주님이 광야로 간 것은 마귀에게 시험을 받는 동시에 마귀의 일을 멸하러 간 것이다.

관용어적으로 광야는 마귀의 처소이며 또한 메시아의 도래적 장소이나 계시록에서는 사도행전 7장 38절에 의해 두 증인의 교회를 말한다.

용에 대한 관용어

계시록 12장 7절을 보면 "하늘에 전쟁이 있으니 미가엘과 그의 사자들이 용으로 더불어 싸울 새 용과 그의 사자들도 싸우나" 하고 있고, 이사야 51장 9절을 보면 "여호와의 팔이여 깨소서 깨소서 능력을 베푸소서 옛날 옛 시대에 깨신 것 같이 하소서 라합을 저미시고 용을 찌르신 이가 어찌 주가 아니시며" 하며 용이 나오는데 이 용을 구약에서는 '라합'(욥 26:12;사 51:9), '하마'(욥 40:15~24), '리워야단'(사 27:1) 등으로 표현하는데 히브리어로는 '탄닌'으로 바다뱀, 괴물, 고래, 용으로 되어 있지만 문자적인 뜻은 '악어'를 말한다.

이 악어는 로마초대 황제 아우구스투스가 애굽 정복 뒤에 애굽의 동전에 새겨진 그림을 통해 확인하였듯이 애굽을 상징하는 동물이었고, 특히 그 왕 바로를 가리킨다(27:1;시 74:13,14;겔 32:2). 다시 말해 구약에서 용인 악어는 애굽을 상징하는 말로 관용어적으로 사용되었다.

신약에서는 계시록 12장 9절을 보면 "큰 용이 내어쫓기니 옛 뱀 곧 마귀라고도 하고 사단이라고도 하는 온 천하를 꾀는 자라 땅으로 내어쫓기니 그의 사자들도 저와 함께 내어쫓기니라." 하며 용을 에덴 동산에서 아담과 하와를 유혹했던 뱀과 마귀와 사단이라 말하고 있다.

관용어적으로 용은 무소불위의 권력을 행사했던 바로와 같은 사단을 말하는 것이다.

미가엘과 용이 싸운 시기는

계시록 12장 7절을 보면 "하늘에 전쟁이 있으니 미가엘과 그의 사자들이 용으로 더불어 싸울 새 용과 그의 사자들도 싸우나" 하고 있는데 유대 전승에 따르면 사단은 미가엘 천사장의 쌍둥이로 본래 천사였으나 하나님과 동등한 존재가 되려고 시도하였으며 그 이유로 인해 사단과 그의 추종자들은 함께 하늘에서 쫓겨나 공중에서 활동했다(에녹 2서 29:4,5).

그러므로 에스겔 28장 12~19절과 이사야 14장 12~19절을 보면

제 4 강 · 139

사단이 하늘에서 쫓겨나 땅에 찍혔다고 할 때 이 땅이 우리가 알고 있는 지구가 아니라 은하계 하늘인 공중을 말하는 것임을 알 수 있다. 이는 에베소서 2장 1절도 그렇게 말하고 있다. 에베소서 2장 2절을 보면 "그 때에(구약) 너희가 그 가운데서 행하여 이 세상 풍속을 좇고 공중의(은하계 하늘) 권세 잡은 자를 따랐으니 곧 지금(신약) 불순종의 아들들 가운데서 역사하는 영이라." 하며 구약 에서는 사단이 공중에서 역사했지만 신약에서는 불순종하는 사람들 가운데 역사한다고 하였다.

본 절을 쉽게 생각하면 쉽지만 사실은 난해한 구절이다. 왜냐하면 여자가 달을 밟은 시기인즉 미가엘과 용의 전쟁이 어느 때에 있었느냐는 것이다. 즉 창세기 3장 15절의 여자의 후손이(예수) 뱀의 머리를 상하게 한 시기가 언제냐는 말이다. 왜냐하면 분명히 구약에는 공중에서 있었지만 지금은 사람들 가운데 역사한다고 에베소서 2장 2절에서 말하기 때문이다. 그러므로 언제 어떻게 공중에 있던 사단이 땅에 떨어졌느냐는 것이다.

누가복음 10장 18절을 보면 "예수께서 이르시되 사단이 하늘로서(은하계를 포함한 하늘들인 공중) 번개같이 떨어지는(우주를 포함한 하늘인 지구) 것을 내가 보았노라(제자들의 보고 내용을 듣고 한 말)" 하며 바로 예수 님이 공생애 기간에 70인의 제자를 파송할 때 그때 하늘에서 용과 미가엘의 전쟁이 있었고, 그 때 용이 패함으로 용이 공중에서 사람들 가운데 떨어졌다고 하고 있다. 그러므로 본 절의 싸움이 있던 시기는 주님의 공생애 기간에 있었던 것이다.

'용과 그의 사자들도 싸우나' 라는 말의 헬라어는 '카이 호이 앙겔로이(천사) 아우투(3인칭 대명사, 그의)'로 여기서 용의 사자들을 ' 앙겔로이' 천사로 말하고 있다. 그러므로 4절의 별이 타락한 목사가 아닌 천사의 타락인 것이다.

관용어적으로 공중에서 용과 미가엘이 싸운 시기는 예수님의 공생애 기간에 있었다는 말이다.

용이 하나님을 두 번 대적함

계시록 12장 8절을 보면 "이기지 못하여 다시 하늘에서 저희의 있을 곳을 얻지 못한지라." 하며 "다시 하늘에서" 라고 하는데 이 말의 헬라어는 "에티(다시, 그 이후에, 역시) 엔(안에) 토 우라노(하늘)"는 '그 이후에도(다시)'라는 말로 이 '다시'라는 말 속에는 용이 하늘에서 쫓겨난 것이 한 번이 아니라 두 번 이상이 된다는 것을 시사하는 말이다. 왜냐하면 '다시'라는 말이 나오기 때문이다.

그렇다면 용이 하나님을 대적한 적이 언제 있었을까? 첫 번째는 하늘 보좌에서(하늘들의 하늘인 영계) 공중 하늘로(창 1:2의 흙탕물인 우주, 은하계 하늘들) 쫓겨난 것을 말하는데(겔 28:12~19;사 14:12~19) 위경 에녹서 천지창조 편인 24~68장을 보면 사단이 자기 천사들과 함께 높은곳에서 추방되었다는 내용이 나오는데, 그 내용을 보면 이렇게 쓰여 있다. "그래서 그 천사를 높은 곳에서 쫓아냈다. 그 천사는 심연 위

제 4 강 · 141

공중에서 계속 날아다니고 있다." 라고 되어 있다. 두 번째는 예수님의 공생애 당시 공중에서(은하계 하늘들인 공중) 쫓겨나 대기권을 포함함 땅으로(대기권 하늘) 쫓겨났다는 것이다(눅 10:18). '다시 하늘에서 저희의 있을 곳을 얻지 못한지라' 하고 있는데 여기서 하늘은 공중을 말한다. 즉 용이 미가엘과의 전쟁에서 공중에서 패함으로 이젠 공중에 있던 아지트가 사라졌다는 말이다.

관용어적으로 용은 두 번씩이나 하나님을 대적하다가 결국 공생애 기간에 공중에서 쫓겨나 땅으로 내려왔다.

마귀, 사단. 뱀, 용에 대한 관용어(계12:9)

계시록 12장 9절을 보면 "큰 용이 내쫓기니 옛 뱀 곧 마귀라고도 하고 사단이라고도 하며 온 천하를 꾀는 자라 그가 땅으로 내쫓기니 그의 사자들도 그와 함께 내쫓기니라." 하고 있고, 마태복음 4장 1절을 보면 "그 때에 예수께서 성령에게 이끌리어 마귀에게 시험을 받으러 광야로 가사" 하며 마귀라는 말이 나오는데 마귀라는 말은 헬라어 "디아볼로스"로 이 말은 히브리어 '사단'을 70인 역(LXX)에서 마귀로 번역하며 통상 마귀로 부르기 시작했다. 한편 마귀를 가리키는 '디아볼로스'는 '사이에'를 뜻하는 '디아'와 '밀어넣다, 끼어넣다, 던지다, 고발하다'의 뜻을 가진 '발로'의 합성어에서 유래한 말로서, '중상하는 자, 비방자, 거짓 고소하는 자, 거짓 비방자, 악마, 밀고자'라는 뜻을 가지고 있다.

한편 유대 전승에 따르면 사단은 본래 천사였으나 하나님과 동등한 존재가 되려고 시도하였으며 그 이유로 인해 사단과 그의 추종자들은 함께 하늘에서 쫓겨나 공중에서 활동하게 되었다고 한다(위경 에녹2서 29:4~5). 마귀가 하는 일을 한마디로 말하면 하나님과 사람, 사람과 사람 사이에 끼어들어 적대적 감정을 가지고 고발하는 역할을 하는데(디아 발로) 이 고발한다는 말을 다른 말로 하면 '이간질'이라 한다. 그런데 이간질이라는 말을 국어사전으로 찾아보면 "두 사람 사이에서 서로를 헐뜯어 관계가 멀어지게 하는 짓"으로 되어 있다. 그래서 마귀는 사람과 하나님 사이에 끼어들어 이간질을 해서 적대적 감정을 가지게 한다.

계시록 20장 2절을 보면 "용을 잡으니 곧 옛 뱀이요 마귀요 사단이라 잡아 일천 년 동안 결박하여" 하며 용과 옛 뱀과 마귀와 사단을 같은 존재로 말하는데 이렇게 같은 존재임에도 불구하고 다르게 표현한 것은 각각 그 사역에 따라 그 이름을 다르게 불렀기 때문이다. 관용어적으로 용이라 하면 하나님의 대적자를 말하는 말이고, 사단이라 하면 하나님의 사역을 대적할 때 쓰는 말이고, 마귀라 하면 하나님과 사람, 사람과 사람 사이에 끼어 이간질 하는 자를 말하고, 뱀은 거짓을 말하는 자를 묘사할때 쓰는 말이다. 또한 본 절에서 '사자'라는 말이 헬라어 앙겔로스라 해서 천사로 되어 있다. 그러므로 계시록 12장 4절의 하늘의 별 3분의 1할 때이 별은 천사인 것이다.

관용어적으로 용과 사단과 마귀와 뱀은 같은 존재인데 사역에 따라 다르게 부르는 것이다.

참소하던 자가 쫓겨났고

계시록 12장 10절을 보면 "내가 또 들으니 하늘에 큰 음성이 있어 이르되 이제 우리 하나님의 구원과 능력과 나라와 또 그의 그리스도의 권세가 나타났으니 우리 형제들을 참소하던 자 곧 우리 하나님 앞에서 밤낮 참소하던 자가 쫓겨났고" 하고 있는데 계시록 12장 10~12절은 전 삼년 반 순교자들이 성우가 되어 계시록 12장 6~9절을 에필로그(마무리 정리)로 요약해서 다시 설명하는 것이다.

"하늘에서 큰 음성 있어 이르되" 하고 있는데 이때는 아직 공중 재림이 이루어지지 않은 전 삼년 반이기에 이들은 계시록 6장 9절의 전 삼년 반 전에 순교하여 제단 아래에서 기도하는 순교자들로 이들은 지금 본 장 6~9절에서 마귀가 땅으로 쫓겨난 경위가 언제인지 보충 설명하고 있다.

"우리 하나님의 구원과 능력과 나라와 또 그의 그리스도의 권세가 나타났으니" 하며 '우리 하나님' 하고 있는데 여기서 우리 하나님이라는 말의 헬라어는 '투 데우(하나님) 헤몬(우리)'으로 이 말은 뒤에 나오는 세 단어 '구원과 능력과 나라'를 모두 수식하고 있다. 이것은 하나님의 구원과 능력과 나라가 누가복음 10장 18절이라는 역사 속에서 실제로 이루어짐으로 하나님의 구원과 능력과 나라가 실현되었다는 뜻이다. 즉 마귀가 공중에서 쫓겨남으로 하나님의 능력과 구원과 나라가 실제로 이루어졌다는 말이다. 왜냐하면 마태복음 12장 28절을 보면 "그러나 내가 하나님의 성령을 힘입어 귀신을 쫓아내는 것이면 하나님의 나라가 이미 너희에게 임하였느니라." 하며 귀신이 떠나면 하나님의 나라가 이미 임했다고 함으로 이렇게 공중에서 사단이 떨어짐으로 실제로 하나님의 구원과 능력과 나라가 임했던 것이다.

또한 예수님의 공생애 기간에 마귀가 공중에서 쫓겨났는데 이때 70인 제자들이 전도하며 예수님의 이름으로 선포해서 귀신을 쫓아냈다(눅10:17). 그러자 마귀가 공중에서 떨어졌는데(눅 10:18) 이렇게 주님의 이름을 가지고 선포했을 때 귀신이 떠나가고 마귀가 공중에서 떨어졌기에 그리스도의 이름의 권세가 실제로 나타났던 것이다. 혹자들은 이 부분을 예수님이 십자가에서 죽음과 부활을 통해 사단을 패배시키신 사건으로 해석하는데 사실은 마귀가 공중에서 땅으로 떨어진 시기가 공생애기간에 있었던 사건이기에 이는 공생애 기간에 있었던 사건을 지금 말하고 있는 것이다.

"우리 형제들을 참소하던 자"라는 말의 헬라어는 '톤 아델폰(형제) 헤몬(우리)'으로 이는 우리 형제를 말하는 말인데 천사는 형제가 아니다. 그런데 본 절에서는 '우리 형제'라 함으로 본 절은 천사의 음성이 아닌 순교자들의 음성인 것이다. 또한 "하던"이라는 말의 헬라어는 '호 카테고로스(원고, 사단, 대적자)'로 우리 성경에서는 과거완료로 되어 있음으로 이는 누가복음 10장 18절 이전인 구약시대에 있었던 과거의 사건인 욥기 1~2장에서 있었던 마귀가 욥을 참소하던 것을 말하는 것이다.

"곧 우리 하나님 앞에서 밤낮 참소하던 자가 쫓겨났고" 하고 있는 데 여기서 '곧'이라는 말이 나오면 오버랩 기법으로 앞의 "우리 형제 들을 참소하던 자"라는 말을 다시 구체적으로 설명하는 것으로 결국 욥을 참소했던 것을 말하고 있는 것이다. 그런데 이런 사단이 쫓겨났다고 하는데 그가 쫓겨난 것은 누가복음 10장 18절 때 쫓겨난 것을 말한다.

관용어적으로 참소하던 자가 쫓겨났다고 할 때 이 말은 욥을 참소했던 사단이 누가복음 10장 8절에 공중에서 쫓겨났다는 말인데 이 사건은 70인의 제자가 선포할 때 이루어졌기에 하나님의 능력과 예수 이름의 권세가 나타난 것이다.

눅10:18절 이후에는 순교자가 많이 나왔다.

계시록 12장 11절을 보면 "또 우리 형제들이 어린 양의 피와 자기들의 증언하는 말씀으로써 그를 이겼으니 그들은 죽기까지 자기들의 생명을 아끼지 아니하였도다." 하며 본 절도 10절에 이어 순교자들의 에필로그(마무리 정리)가 계속 진행되고 있다.

"또 우리 형제들이"라 할 때 '형제'라는 말은 믿음의 성도들이 부르는 호칭임으로 10~12절은 천사가 아닌 순교자인 것이다. 10절의 '우리 형제들'이 욥을 말한다면 본 절의 '또 우리 형제들'은 예수의 초림부터 공중 재림 전까지 순교한 순교자들을 말한다.

"그들은 죽기까지 자기들의 생명을 아끼지 아니하였도다."라는 말의 헬라어는 '우크(결코~아니다) 에가파산(아가페=사랑) 텐 프쉬켄(생명) 아우톤(3인칭, 그들) 아크리(~까지) 다나투(죽음)'라는 말로 '죽기까지 결코 그들의 생명을 사랑하지 않았다.'라고 되어 있다. 이는 순교를 의미하는 말로 10절을 보면 구약에서 마귀는 욥을 죽이지는 않고 참소만 했지만 누가복음 10장 18절의 땅으로 쫓겨난 이후에는 참소하지 않고 성도들을 무자비하게 죽였다. 그래서 구약에는 순교자들이 많이 나타나지 않았지만 누가복음 10장 18절 이후엔 수많은 순교자들이 지금까지 등장하고 있는 것이다. 실제로 요한 생전에 사도행전과 계시록 1장 9절을 보면 많은 순교자들이 발생했던 것이다.

관용어적으로 누가복음 10장 18절을 전후로 해서 순교자가 나타나기 시작한다.

자기의 때가 얼마 남지 않아 분낸다는 말은

계시록 12장 12절을 보면 "그러므로 하늘과 그 가운데에 거하는 자들은 즐거워하라 그러나 땅과 바다는 화 있을진저 이는 마귀가 자기의 때가 얼마 남지 않은 줄 알므로 크게 분내어 너희에게 내려갔음이라 하더라."하고 있는데 본 절도 역시 10~11절에 이어 순교자들의 에필로그이다.

'하늘과 그 가운데에 거하는 자들은 즐거워하라'는 말의 헬라어는 '

디아(말미암아) 투토(지시대명사, 이것, 저것) 율흐라이네스데(율흐라이노=마음을 기뻐하다) 호이(정관사, 복수) 우라노이(하늘) 카이 호이 엔(안에, 가운데) 아우토이스(3인칭 대명사, 그) 수게눈테스(장막, 텐트)'으로 '그것으로 말미암아 하늘과 그 장막 안에 있는 자들은 마음으로 기뻐하라'는 말로 여기서 '거하는'이라는 말이 시내 사본에서는 '단순히 거한다'는 의미의 '카토이쿤테스'로 되어 있으나 대부분의 사본과 우리 한글 개정 성경에는 '계속 거하는 장막'을 의미하는 '스케눈테스'로 되어 있다. 그러므로 '하늘과 그 가운데에 거하는 자들은 즐거워하라.'는 말은 순교자들이 아닌 천사들을 말한다. 왜냐하면 순교자들이 자기들에게 즐거워하라 할 수 없고 또한 스케눈테스가 임시로 거주했던 '카토이쿤테스'가 아니라 장막(텐트)에 계속 거주하는 '스케눈테스'로 되어 있기 때문이다. 그러므로 하늘의 장막에 계속 거주했던 존재들은 천사들을 의미한다. 또한 '즐거워하라'의 즐거워해야 할 이유는 얼마 후 공중 재림이 있기 때문이다. 공중 재림의 날은 하늘나라의 대 축제일이다.

"이는 마귀가 자기의 때가 얼마 남지 않은 줄 알므로" 하고 있는데 이는 이제 공중 재림이 임하면 마귀의 활동기간이 얼마 남지 않아 마귀가 무저갱에 갇힌 후, 지옥 불에 떨어지기 때문이다. 그런데 여기서 자기의 때라는 말의 헬라어는 '에이도스(알다, 깨닫다) 호티(왜냐하면) 올리곤(올리고스=잠시, 짧은) 카이론(카이로스=하나님의 때) 에케이(에코=소유하다)'라는 말로 '하나님이 소유한 시간이 짧게 남았음을 알기 때문이다.' 라고 되어 있다. 그런데 여기서 자기의 때란 하나님의 시간을 말하는 '카이로스'로 되어 있다. 만약 이 때가 '크로노스'인 사람의 시간으로 되어 있으면 진짜 얼마 남지 않은 시간이지만 하나님의 시간인 '카이로스'로 되어 있기에 2000년 전에 계시록에서 얼마 남지 않았다고 하였지만 아직까지도 주님이 재림하지 않고 마귀도 무저갱에 들어가지 않고 있는 것이다. 그래서 이때부터 종말이라는 말이 시작되었던 것이다. 왜냐하면 순교자들이 얼마 남지 않았다고 했기 때문이다.

"크게 분 내어 너희에게 내려갔음이라 하더라." 하며 구약에서는 사단이 공중에 있다고 표현했지만 누가복음 10장 18절 이후에는 우리가 살고 있는 땅인 이 세상에 내려옴으로 말미암아 에베소서 2장 2절도 그렇지만 본 절에도 '너희에게' 내려갔다고 하고 있는 것이다. 본 절은 7~9절인 땅으로 쫓겨난 것을 다시 설명하는 절이다.

관용어적으로 자기의 때가 얼마 남지 않아 분 내어 내려갔다는 말은 하나님의 시간인 카이로스를 말하는 것이다.

용이 남자를 낳은 여자를 박해함

계시록 12장 13절을 보면 "용이 자기가 땅으로 내쫓긴 것을 보고 남자를 낳은 여자를 박해하는지라." 하고 있는데 본 절 말씀은 9절과 바로 연결되는 절로 10~12절은 '에필로그'로 없다고 생각해도 된다.

'용이 자기가 땅으로 내쫓긴 것을 보고' 하고 있는데 이 말은 본 장 9

제 1 강 · 149

절을 말하는 말로 이런 일이 있었던 것은 누가복음 10장 18절 때이다.

'남자를 낳은 여자를 박해하는지라'라는 말의 헬라어는 '에디옥센(박해) 텐 귀나이카(부인, 여자) 헤티스(그) 에테켄(틱토=낳다) 톤 알레나(남자)'로 남자를 낳은 여자를 박해했다는 말인데 여기서 '에디옥센'은 문자적으로 '추격하다'라는 의미로 여인(성도)을 향한 용의 이러한 추격은 이스라엘 민족이 애굽을 빠져나올 때 바로가 모세의 뒤를 추격해 온 것과 같은 추격을 말한다. 이는 역사적으로 주후 63~66년 베스파시안이 1차 예루살렘을 포위할 때를 말한다. 여기서 남자를 낳은 여자는 마리아를 말하면서 동시에 교회를 말한다. 왜냐하면 여자는 낳는 자이기에 여자가 낳은 자는 교회와 성도와 예수님이기 때문이다.

그렇다면 왜 용이 남자를 낳은 여자를 박해했을까? 사단은 누가복음 10장 18절을 보면 예수님에 의해 땅으로 쫓겨났는데 예수님이 승천하셔서 이 땅에 없으시자 꿩 대신 닭인 여자인 교회(성도)를 핍박했던 것이다. 이렇게 박해가 극심해지자 주님이 공중 재림(펠라 지역)하심으로 박해로부터 성도들을 해방시켜 준다. 그러므로 13절 이후에는 공중 재림에 대한 내용이 전개되는 것이다.

관용어적으로 용이 남자를 낳은 여자인 교회(성도)를 핍박한 이유는 예수님이 승천하셨기에 꿩 대신 닭인 교회를 핍박한 것이다.

펠라지역

계시록 12장 14절을 보면 "그 여자가 큰 독수리의 두 날개를 받아 광야 자기 곳으로 날아가 거기서 그 뱀의 낯을 피하여 한 때와 두 때와 반 때를 양육 받으매" 하고 있는데 이 말의 배경은 출애굽기 19장 4절 관용어적 의미인 보호라는 뜻을 반영한 것이다. 반영이라는 말의 뜻을 자세히 알려면 저의 책 계 10:9절을 참고하라.

"여자가 큰 독수리 날개"로 라는 말의 헬라어는 '에도데산(디도미= 받다) 귀나이키(여자) 뒤오(둘) 프테뤼게스(프테뤽스=날개) 투 아에투(독수리) 투 메갈루(큰)'라는 말로 '큰 독수리의 날개를 여자가 받았다'는 말인데 여기서 독수리 두 날개는 구약에서 이스라엘을 보호 하는 방법을 독수리 날개로 표현한 것을 관용어적으로 반영한 말이다(출 19:4;신 32:11). 그런데 계시록에서 독수리는 생물 천사로 날개가 6개 달려 있다고 계시록 4장 7, 8절에서 말한다. 그러므로 여기서 독수리는 진짜 독수리를 말하는 것이 아니라 생물 천사의 날개를 말하는 것이다. 그래서 '큰(메갈루)' 날개를 가지고 있다고 하고 있는 것이다. 이는 성도들이 휴거할 때 독수리 생물 천사들이 성도들을 안고 날아 공중으로 올라가는 것을 표현한 것인데, 이렇게 생물 천사가 큰 날개로 성도들을 안고 올라가(휴거)는 모습을 밑에서 사람들이 볼 때는 마치 몸이 떠서 올라가서는 것 같이 보이지만 영안을 열고 보면 천사들이 안고 올라가는것이다. 이를 데살로니가전서 4장 17절에서는 끌어올려(휴거) 간다고 하고 있다.

제 1 강 · 151

그러므로 본 절은 성도들의 휴거를 설명하는 절인 것이다. "광야 자기 곳으로 날아가" 하고 있는데 여기서 광야는 광야를 말하는 것이 아니라 광야 교회를 말하는 것으로 본 절에서 광야 교회는 공중 혼인 잔치를 말한다. 용이 5개월 동안 포위하여 성도를 핍박하자 하나님은 독수리 생물 천사를 통해 성도들을 안고 공중혼인 잔치에 날아 참여하게 하신다. 이렇게 하나님은 본장 5절 주님이 '할파조(끌어올려)' 한 것 같이 성도들을 '할파조'해 후 삼년 반을 안전하게 지내게 하신다는 것이다. 사도행전 8장 38~40절을 보면 빌립 집사가 갑자기 사라졌다가 100리 밖에 나타났는데 이때도 역시 독수리 생물 천사가 안고 날아가 '아소도'에 나타나게 했던 것이다. 이런 할파조(휴거)의 역사가 사도행전 8장 38~40절에 실제로 있었던 것 같이 공중 재림 때도 바로 이런 할파조의 역사가 실제로 있을 것이다.

'그 뱀의 낯을 피하여' 하고 있는데 여기서 뱀(옵히스)은 본장 9절을 보면 용과 같은 존재라고 말함으로 본 절의 뱀은 곧 용을 의미하는 말이다.

"한 때와 두 때와 반 때을 양육 받으매"라는 말의 헬라어는 '트렙 헤타이(트렙호=살찌우다, 양육) 에케이(그곳) 카이론(카이사레이아=가 이샤라), 카이 카이루스(카이로스=때), 카이 헤미쉬(반) 카이루(카이로스=하나님의 때)'라는 말로 이 말을 해석하면 '가이샤랴 라는 그곳에서 살찌우게 될 것이다. 하나님의 때와 하나님의 때의 반 정도'라고 되어 있다.

이렇게 '한 때와 두 때와 반 때를 양육 받으매'라는 말을 역사적으로 볼 때는 펠라 지역으로 피한 것을 말하고(계 12:14~17), 종말에는 공중 혼인 잔치에 참여한 것을 말한다. 그런데 여기서 한 때와 두 때와 반 때라는 말이 계시록 11장 11절과 같이 '트레이스(3) 헤메라스(날) 카이 헤미쉬(반)'라 해서 삼일 반으로 된 것이 아니라 '트렙헤타이(트렙호=살찌우다, 양육) 에케이(그곳) 카이론(카이사레이아=가이샤라), 카이 카이루스(카이로스=때), 카이 헤미쉬(반) 카이루(카이로스=하나님의 때)'라 해서 성도들이 하나님의 시간 동안 가이사랴에서 양육 받은 것을 말한다. 이는 한 때와 두 때와 반 때가 정확하게 3년 반을 말하는 것이 아니라 하나님의 시간까지 가이사랴라는 곳에 있을 것을 말하는 것이다.

가이사랴는 이스라엘 지중해 연안의 약간 북쪽 중간 지역에 위치한 항구도시로 펠라 지역을 상징하는데 펠라 지역은 공중잔치를 관용어적으로 말한 것이다. 펠라 지역은 AD 66년 로마가 예루살렘을 침공했을 때 이스라엘 안에 있던 성도들이 로마의 침공을 피해 탈출한 장소를 말하는데 이 펠라 지역은 지금의 타바캇 파힐(Tabaqat Fahil)을 가리키는 곳으로 갈릴리 바다 남쪽 약 32km되는 지점에 위치해 있다.

관용어적으로 뱀의 낯을 피하여 한 때와 두 때와 반 때를 양육 받았다는 말은 로마의 공격으로 성도들이 펠라 지역으로 피한 사건을 말하는 말로 본 절에서는 가이사랴로 나오고 있는데 이 펠라 지역과 가이사랴는 곧 공중 혼인 잔치에 참여한 것을 말한다.

뱀의 입에서 강물을 토해낸 일

계시록 12장 15절을 보면 "여자의 뒤에서 뱀이 그 입으로 물을 강같이 토하여 여자를 물에 떠내려 가게 하려 하되" 하고 있는데 여기서 "여자의 뒤에서 뱀이" 라는 말의 헬라어는 '호 옵히스(뱀) 오피스(뒤 따르다) 테스 귀나이코스(여자)'라는 말로 쉽게 말해 '뱀이 뒤통수를 쳤다'는 말로 여자인 성도들이 휴거에 참여한 후, 사단이 성도들을 죽이려고 모여 들었다는 뜻이다. 이는 본 장 14절에서 이미 휴거가 일어났기에 성도들은 공중 재림에(펠라, 휴거) 참여해 예루살렘에 없었는데 마귀는 이 사실을 모르고 성도들을 정복하려고 포위하고 있다는 말이다.

'그 입으로 물을 강같이 토하여' 하고 있는데 여기서 뱀은 적 그리스도를 말하는데 역사적으로는 주후 70년 디도 장군을 말하고, 물은 계시록 17장 15절과 다니엘 11장 10절을 보면 군사를 말하고, 토하여는 전쟁 중에 포위한 것을 말한다. 이 말의 헬라어는 '에발렌(발로=던지다, 토하다)~~~~~휘돌(물) 호스(같은) 포타몬(강)'으로 '뱀이 강 같은 물을토하다'라는 말인데 여기서 '토하다'라는 말의 '에발렌'은 '발로(던지다)'의 부정과거형으로 동작의 완료를 나타낸다. 이는 전쟁이 완료된 상태를 말하는 것이 아니라 포위가 완료되었음을 말해주고 있다. 즉 예루살렘 포위를 끝냈다는 뜻이다.

"여자를 물에 떠내려 가게 하려 하되" 하고 있는데 이 말의 헬라어는 '히나(하려고) 타우텐(지시대명사, 이것, 여자) 포타몹호레톤(강물에 씻긴, 홍수에 씻긴) 포이에세(포이에오=되다)'로 여자를 홍수에 떠내려 가게 하려 한다는 말로 여기서 '하려 하되'라는 말의 헬라어 '히나(~하려고)'는 미래형을 말함으로 이는 정복해서 살해하는 것이 아니라 정복하려고 포위하고 있는 상태를 말한다. 본 절에서 여자는 이미 공중 재림에 참여한 성도를 말하고, 물은 군사력을 말하고, 떠내려 가게 하려는 것은 정복하려 하는 것을 말함으로 이는 아직 예루살렘이 정복되지 않고 포위된 상태를 말한다. 그러므로 시간적으로는 목요일 오전 6시 정도일 것이다. 이때는 이미 공중 재림이 이루어졌지만 적그리스도는 그 사실을 아직 모르기에 지금 포위만 하고 있는 것이다(계 11:12절 참고). 역사적으로는 본 장 14절은 펠라 지역으로 성도들이 피한 것을 말하고, 15절은 주후 68년 로마 군대인 마귀(디도)가 만 2년 동안 예루살렘을 포위한 사건을 말하는 말이다. 이때는 포위가 끝난 상태이지 정복한 상태는 아니다.

관용어적으로 뱀이 강물을 토해 여자를 떠내려 가게 한다는 말은 종말의 예루살렘을 정복하려고 포위한 것을 말한다.

땅이 용이 토한 물을 삼켰다는 말은

계시록 12장 16절을 보면 "땅이 여자를 도와 그 입을 벌려 용의 입에서 토한 강물을 삼키니" 하고 있는데 이는 팔레스타인 땅이 주로 모래로 구성되어 있어서 어떤 큰 홍수가 일어난다 해도 얼마가지 않아 땅 위의 물을 모두 흡수하게 되는 지리적 환경을 반영한 것으로 출애굽기 15

장 12절에 진술된 바와 같은 하나님의 보호를 시사한다. 애굽의 군대들이 출애굽한 이스라엘 백성을 추격할 때 하나님께서 구원의 능력으로 이스라엘을 보호하신 것처럼 하나님은 성도들을 해하고자 하는 사단의 수많은 궤계에서 성도들을 보호하시며 인도하신다는 뜻이다.

본 절을 계시록 11장으로 정리하면 공중 재림은 목요일 새벽 미명인 6시에 있고, 그날 오전 9시에 예루살렘이 정복되고(계 12:15), 목요일 12시부터 대 살육이 시작되어 5개월 계속되고(계 9:10), 오후 3시에 두 증인이 죽는다(계 11:9). 그런데 본 절은 주일 오후 6시 상황이다. 왜냐하면 땅이 용의 입에서 토한 강물을 삼켰기 때문이다. 삼켰다는 말은 계시록 11장 13절의 지진으로 7천명이 죽은 것을 말하는데 이는 두 증인이 부활한 후에 있었기 때문에(계 11:12절 참고) 이 사건은 주일 오후 6시 상황인 것이다.

이를 역사적으로 볼 때 로마 군대가 주후 68년에서 70년까지 만 2년 동안 예루살렘을 포위 공격해 정복하게 된다. 그런데 이때 성도들은 주후 66년 펠라 지역으로 피했기에 예루살렘 성에 없었다. 그래서 성도들은 어떤 피해도 받지 않는다. 그런데 그들이(용이) 이렇게 여자에게(성도) 물을 토한(정복) 이유는 예루살렘에 혹시 성도들이 남아 있을까 해서였다. 그런데 막상 예루살렘을 공격하고 정복해 보니 이미 성도들은 펠라 지역으로 도망가고 없었다.

"땅이 여자를 도와" 하고 있는데 이 말은 적그리스도가 예루살렘을 정복해 보니 이미 공중 재림이 임했기에 물과 성령으로 거듭난 성도는 없고, 아직 물과 성령으로 거듭나지 못한 성도들만 조금 남아 있는 것이었다. 그러나 그들 마저 땅이 지진을 일으켜 그들조차 죽지 않게 보호해 주는 것이었다. 여기서 땅이 여자를 도왔다는 말은 지진이 일어남을 말하는 말이다.

"그 입을 벌려 용의 입에서 토한 강물을 삼키니" 하고 있는데 이렇게 땅이 입을 벌린 것은 계시록 11장 13절의 지진을 말하고, 용의 입에서 토한 물은 예루살렘을 정복한 군사를 말하고, 삼켰다는 것은 이에 동조한 사람들과 적그리스도의 군사가 지진으로 죽은 것을 말하는데 이는 계시록 11장 13절의 7천 명이 지진으로 죽은 사건을 말한다.

관용어적으로 땅이 용이 토한 물을 삼켰다는 말은 계시록 11장 13절의 지진으로 7천명이 죽은 것을 말한다.

므깃도에 선 용

계시록 12장 17절을 보면 "용이 여자에게 분노하여 돌아가서 그 여자의 남은 자손 곧 하나님의 계명을 지키며 예수의 증거를 가진 자들과 더불어 싸우려고 바다 모래 위에 서 있더라." 하고 있는데 이 말을 역사적으로 볼 때는 로마의 이스라엘 점령을 말하고, 종말론으로 볼 때는 공중 재림이 있은 후부터 지상 재림 전까지를 말한다.

"용이 여자에게 분노하여 돌아가서" 하고 있는데 이 말의 헬라어는 '올기스데(올기조=화내다) 호 드라콘(용) 에피(에게) 테 기나이키(귀네= 여자)'로 이는 '여자에게 용이 화를 냈다.' 라는 말로 이렇게 용이 화를 낸 이유는 용(적그리스도, 디도 장군)이 예루살렘을 점령하고 보니 물과 성령으로 거듭난 성도들은 이미 휴거(펠라)하여 없고 물과 성령으로 거 듭나지 못한 자손(성도)만 남아 있기에 화를 낸 것이다.

'돌아가서 그 여자의 남은 자손~' 여기서 '돌아가서'라는 말은 '그 여자의 남은 자손'를 수식한다. 그러므로 '용이 여자에게 분노하여'라 는 말에 '돌아가서'라는 말을 붙이면 안 된다. 왜냐하면 헬라어 원문에 서 '카이 아뻴덴(아뻴코마이=떠나다, 나가다) 포이에사이(포이에오=만 들다) 폴레몬(플레모스=전쟁) 메타(함께) 톤 로이폰(로이포이=남은 사 람들) 톤 스펠마토스(스펠마=씨) 아우테스(3인칭 대명사=그 여자)'라고 되어 있는데 그 뜻은 '그 여자의 씨(남은 자손)인 남은 사람들과 더불어 전쟁을 하려고 나아갔다.' 라고 되어 있기에 '돌아가서' 라는 말이 '그 여자의 남은 자손'을 수식해야 바른 해석이 되는 것이다. 그러므로 한글 개정성경의 해석이 잘못된 것이다.

'남은 자손'이라 하는데 이 남은 자손은 14절 공중 재림에 참여하 지 못한 144.000명 이하부터를 말하는 말로 이들은 두 증인의 순교와 바벨론 멸망을 보고 회개하고 돌아온 자들을 말한다. 그래서 '그 남은 자손'을 '그 여자의 씨(남겨진 성도)'로 헬라어 원어에서는 말하고 있 는 것이다.

'곧 하나님의 계명을 지키며 예수의 증거를 가진 자들과' 하는데 여기서 '곧'이라는 말이 나오면 오버랩 기법으로 앞의 내용을 다시 설명하는 것이다. 그러므로 이 '곧'이란 말은 그 남은 자손이 누구인지를 다시 설명하는 기법인 것이다. 그 남은 자손은 곧 하나님의 계명을 지키고 예수의 증거를 가진 자를 말한다. 그런데 여기서 하나님의 계명(엔톨레=명령)은 말씀을 지키는 자를 말하고, 예수의 증거(말튀리아=법적인 증거)는 순교를 각오한 체험적인 신앙을 가진 자를 말한다.

'더불어 싸우려고 바다 모래 위에 서 있더라.' 하고 있는데 이렇게 용이 여자의 후손에게 나아간 이유는 전쟁을 하려고 나아갔는데 이 용이 나아간 곳은 바닷가 모래 위라는 것이다. 왜냐하면 그곳에서 그 남은자손과 싸우려고 모래 위에 섰다는 말이다. 이 말의 헬라어는 '카이 에스타데(히스테미=서다) 에피(위에) 텐 암몬(암모스=해변에 쌓여진, 모래더미) 테스 달라셋스(달랏사=바다)'라는 말로 그 뜻은 '바다 모래 더미 위에 섰다'라는 말인데 여기서 '섰더라'라는 말이 시내 사본과 알렉산드리아 사본과 한글 개정 성경은 '에스타데'로 되어 있지만 바틴칸 사본과 폴리피 사본에서는 '에스타덴'으로 되어 있다. 그런데 여기서 '에스타덴'이면 요한이 바다 모래 위에 선 것이 되고 '에스타데'이면 용이 선 것이 되는데 뉘앙스 상 용이 선 것이 맞다. 왜냐하면 '에스타데'가 되어야 계시록 13장 1절에서 한 짐승이 바다에서 올라왔다는 내용과 문맥상 자연스럽게 연결되기 때문이다. 그래서 학자들은 용이 선 것으로 받아들인다. 여기서 바다는 세상을 의미한다. 그러므로 본 절의 바다도 세상 가운데 있는 므깃도(아마겟돈)라 해도 되는 것이다.

'바다 모래 위에 서 있더라.' 하고 있는데 이 말은 곧 아마겟돈인 므 깃도 언덕에 섰다는 말이다. '아마겟돈'의 히브리어의 정확한 발음은 ' 하르 므깃도'이고, 헬라어로 '아마겟돈'이다. '하르 므깃도'는 '작은 산' 이라는 뜻을 가지고 있다. 그래서 프리셉트 성경에서는 므깃도를 '므깃 도 산'으로 번역하고 있다. 그런데 이 '므깃도'는 히브리어 '가다드'에서 유래된 것으로 '군대를 소집하는 장소'라는 뜻을 가지고 있다. 므깃도는 실제로는 산이 아닌 평지로 되어 있다. 이는 아마 지금에 와서 지형이 변 형이 되어 평지가 된 것이 아닌가 한다. 또한 실제로 산이 있었다고 해 도 이 산은 평야에 있는 동산 정도 밖에 되지 않았을 것이다. 즉 본문에 서 말하는 것 같이 모래 언덕 정도였을 것이다. 그러므로 이 바다 모래 위에 섰다는 말은 곧 므깃도 광야 위에 섰다는 말이 되는 것이다. 이 므 깃도(아마겟돈)에 대한 자세한 내용은 저의 책 계 14:20절과 계 16:16 절을 반드시 참고하라.

관용어적으로 공중 재림이 임하자 예루살렘을 점령했던 적그리스도 는 화가 나서 므깃도 언덕인 모래 위에 서서 아마겟돈 전쟁을 일으키려 하고 있다는 말이다.

퍼즐 레마 성경 공부

오흥복 목사의 저서 시리즈

헬라어적 관점과 역사론적 관점과 관용어적 관점으로 본
하존 요한 계시록 1권(계1-계3장 까지)

헬라어적 관점이란 개정성경의 각 장의 요절들을 헬라어로 쉽게 해석했다는 말이며 또한 헬라어의 유래를 찾아 헬라어가 어떻게 변했는지 쉽게 설명하고 있다는 말입니다. 또한 역사론적 관점이란 요한 계시록을 역사론적으로 해석하고 있다는 말이며, 관용어적 관점이란 요한 계시록이 관용어로 연결되어 있는 것을 관용어를 찾아 설명하고 있다는 말입니다. (가격 11,000원)

헬라어적 관점과 역사론적 관점과 관용어적 관점으로 본
하존 요한 계시록 2권 (계4-계8장 까지)

요한 계시록은 관용어로 기록되어 있는데 이 관용어를 히브리어로 마솰이라 하는데 마솰을 다른 말로 하면 잠언이란 뜻입니다. 예수님의 비유를 헬라어로 파라볼레라 하는데 이 파라볼레의 유래가 마솰로 되어있습니다. 이 마솰을 쉽게 해석하면, 관용어, 속담, 격언이란 뜻입니다. 그런데 계시록이 바로 이 관용어인 마솰로 연결되어 있다는 것입니다. 그러므로 본 책을 보시면 계시록을 기록할 당시 요한이 이 관용어를 어떻게 사용해서 계시록을 기록했는지 알 수 있게 됩니다. (가격 11,000원)

헬라어적 관점과 역사론적 관점과 관용어적 관점으로 본
하존 요한 계시록 3권(계9-계12장 까지)

계시라는 말에는 헬라어 '아포칼륍시스'와 히브리어 '하존'이라는 말이 있는데 '아포칼륍시스'는 자연계시, 일반계시, 특별계시, 기타등등의 계시라 해서 광역적인 계시를 말하고, 하존이란 한 가지 주제에 포커스(초점)을 맞추고 집중 조명하는 것을 말하는데 제가 쓴 책인 이 요한 계시록이라는 책이 바로 종말(하존)에 포커스를 맞추고 쓴 책입니다. (가격 11,000원)

헬라어적 관점과 역사론적 관점과 관용어적 관점으로 본
하존 요한 계시록 4권 (계13-계17장 까지)

이 책을 선택하신 여러분은 탁월한 선택을 하신 것입니다. 왜냐하면, 한국에서 헬라어적 관점과 역사론적 관점과 관용어적 관점으로 요한 계시록이란 책을 쓴 사람이 없고, 이 세 가지 입장에서 세미나를 하시는 분도 한 분도 없기 때문입니다. 그러나 저는 이 세 가지 관점에서 이 책을 썼습니다. (가격 12,000원)

헬라어적 관점과 역사론적 관점과 관용어적 관점으로 본
하존 요한 계시록 5권 (계18-계19장,계21-계22장 까지)

관용어란 히브리어로 '마샬'이라 하는데 이 말은 잠언을 말하는 말인데 그 뜻은 "속 담, 격언, 관용어"란 뜻을 가지고 있습니다. 그런데 이 마샬에서 비유라는 사복음서 의 파라볼레가 유래 되었는데 이를 관용어라 합니다. 그런데 놀랍게도 요한 계시록 은 제1장부터 22장까지 이 비밀코드인 마샬(파라볼레=관용어)로 다 연결되어 있다 는 것입니다. (가격 12,000원)

헬라어적 관점과 역사론적 관점과 관용어적 관점으로 본
하존 요한 계시록 6권 (계22장)

계시록은 관용어라는 비밀코드로 연결되어 있습니다. 그러므로 이 관용어인 비밀코 드를 알지 못하면 요한 계시록은 해석될 수 없습니다. 그런데 저의 본 책이 바로 이 비밀코드를 푸는 열쇠가 될 것입니다. 왜냐하면, 계시록에 나와 있는 관용어를 다 정리해 놓았기 때문입니다. 여기서 관용어란 속담,격언,잠언,비유를 말하는 말입니 다. (가격 12,000원)

뉴 동의보감

어느 약사 장로님이 저의 이 책을 보시고 말씀하시길 "허준의 동의보감보다 목사님 이 쓰신 이 책이 동의보감보다 더 잘 쓰셨습니다"하고 말씀 하시는 것을 들어 보았 습니다. 그 약사 장로님이 말씀 하신 것 같이 이 책에는 어느 병에는 어느 약초들 이 좋은지 그 약들의 소개로 가득차 있습니다. 저 또한 몸에 병이 올때 제가 쓴 이 책에 나오는 약초들을 사용함으로 거의 대부분의 병을 치료받곤 했습니다.(가 격 11,800원)

나는 기도응답을 100% 받고 있다

저자 오흥복 목사는 2003년까지만 해도 기도응답을 거의 받지 못했지만 기도의 방법을 바꾸고 나서 거의 100% 기도 응답을 받고 있다. 이 책에서는 이렇게 거 의 100% 기도 응답 받을 수 있는 방법이 제시되고 있다. 여러분들도 이 책에서 제 시하는 방법대로 기도하는 순간, 기도응답을 거의 100% 가까이 받게 될 것이다. (가격 12,000원)

기도응답은 만들어 받는 것이다

이 책은 1권인 "나는 기도응답을 100% 받고 있다"라는 책의 후속 편으로 1권을 기반으로 썼기 때문에 1권을 보시지 않고, 이 책을 읽으면 잘 이해가 되지 않는 부분이 있습니다. 그러므로 반드시 1권을 읽으시고 이 책을 대하시길 바랍니다. 이 책은 지금 당장 문제 가운데 있는 분들이 보신다면 흑암의 터널을 통과하는 서광이 될 것입니다. (가격 11,000원)

이젠 돈 걱정 끝

이 책은 물질에 대한 이해와 기본구도에 대해 설명하고 있는데 이 책을 보시면 물질이 어떻게 움직이는지 알게 됩니다. 분만 아니라 이 책의 핵심은 번제인데, 번제는 힘으로도 안 되고, 눈물로도 안 되고, 기도로도 안 되던 문제를 해결하는 만병통치약과 같은 것으로 이 번제에 대하여 아주 잘 설명하고 있습니다. 또한 이 책과 "부자들의 이야기 그들은 이렇게 해서 부자가 되었다라는 책과 한국의 탈무드1.2.3"권은 한 권의 책이라 보시면 됩니다. 그러므로 물질 문제를 해결하기 위해서는 이 책과 부자들의 이야기와 한국의 탈무드1.2.3권의 책을 반드시 같이 보셔야 합니다.(가격 12,000원)

한국의 탈무드 1

이 책은 묵상이 무엇이며, 무엇을 묵상해야 하며, 인생의 답인 지혜에 대하여 자세히 다루고 있습니다. 또한 이 책에서는 솔로몬이 가졌던 지혜를 누구나 가질 수 있음을 말하고 있는데, 그 방법은 4가지를 통해 가질 수 있고, 또한 생활 가운데 그 지혜를 활용하는 방법이 소개되고 있습니다. 사실 이 책과 "이젠 돈 걱정 끝이란 책과 부자들의 이야기 그들은 이렇게 해서 부자가 되었다"란 책은 한 권이라 보면 됩니다. 그러므로 이 책을 보신 분들은 "이젠 돈 걱정 끝과 부자들의 이야기"라는 책을 반드시 참고 하셔야 합니다.(가격 11,000원)

한국의 탈무드 2

이 책은 "한국의 탈무드 1"을 기반으로 쓰여 진 책으로 성공의 원리와 삶의 원리를 다루고 있습니다. 성공도 그렇고, 삶도 그렇고 모든 것에는 원리가 있습니다. 그래서 이 원리에 맞게 움직이면 우리는 누구나 다 성공할 수 있고, 원리에 맞게 움직이지 않으면 공부를 많이 했어도 실패할 수밖에 없는 것입니다. 저는 이 책에서 지혜

를 갖는 원리와 성공과 생활의 원리 약80여 가지를 다루고 있습니다. 여러분들이
이 책에 나와 있는 원리를 잘 알고, 적용하시면 아마 100%성공적인 삶을 살게 될
것입니다. (가격 11,000원)

한국의 탈무드 3

하나님이 주신 지혜인 영감과 원리를 가지면 세상을 정복할 수 있습니다. 그런데 이
책엔 이런 원리와 예화가 가득 차 있습니다. 저는 개인적으로 지혜만 가지고 있으
면 사막과 황무지에서도 살아남고 성공할 수 있다고 봅니다. 그런데 저의 책 "한국
의 탈무드 1.2.3"권이 이런 지혜를 주는 지혜의 보고가 될 것입니다. 이 책엔 2권
에서 다 말하지 못한 원리들과 지혜 예화들이 나오고 있습니다. 그러므로 이 책의
원리와 예화를 그대로 적용하시면 아마 100% 성공적인 삶을 살지 않을까 생각합
니다. (가격 11,000원)

임재 기도의 힘, 생각만 해도 응답 받는다

이 책은 임재와 기름부음의 차이와, 어떻게 하면 성령의 임재 가운데 있을 수 있는
지 아주 잘 설명하고 있고, 또한 어떻게 하면 생각만 해도 응답 받는지에 대하여 잘
설명하고 있습니다. 뿐만 아니라 방언에 대한 오해와 궁금한 모든 것을 아주 자세히
설명하고 있습니다. 이 책을 보시면 누구나 방언을 말하게 될 것이며 또한 '성령을
이해하면 당신도 환상과 예언을 할 수수 있다'라는 책은 이 책의 후속편이오니 참고
해 주셨으면 합니다. (가격 11,000원)

성령을 이해하면 당신도 환상과 예언을 할 수 있다

이 책은"임재 기도의 힘, 생각만 해도 응답 받는다"의 후편으로 성경에 나와 있는
9가지 은사를 어떻게 받으며, 은사를 사용하는지에 대하여 다루고 있습니다. 그 분
아니라 우리의 초미의 관심이 되는 환상에 대하여 자세히 다루고 있으며, 또한 예
언하는 방법에 대하여 자세히 다루고 있습니다. 이 책을 읽으시고, 바로 이해만 하
신다면 이제는 누구나 환상을 볼 수 있게 되고, 예언을 할 수 있게 될 것입니다. (
가격 11,000원)

부자들의 이야기 그들은 이렇게 해서 부자가 되었다

이 책은 록펠러와 빌게이츠와, 샘 월튼과, 호텔왕 콘래드 힐튼과, 워렌 버펫과, 한

국의 부자들이 실제로 어디에 어떻게 투자해서 부자가 되었는지 그들의 투자 노하우가 그대로 심층 분석되어 있습니다. 이 책을 보시고 이 책에서 제시하는 방법대로 투자하면 당신도 부자가 될 수 있을 것입니다. 다시 말해 실전 투자 방법들이 소개되고 있습니다. 사실 이 책과 "이젠 돈 걱정 끝과 한국의 탈무드1.2.3권은 한권의 책이라 봐야 할 것입니다. 그러므로 이 책을 보신 후 그 책들을 참고해 주셨으면 합니다. (가격 12.000원)

영적존재에 대한 이야기
이 책은 여섯 가지 영적 존재인 하나님과 천사와 사람과 마귀와 귀신과 미혹의 영에 대하여 아주 자세히 쓰고 있습니다. 이 책을 읽으시면 여섯 가지 영적 존재의 움직임을 자세히 알게 되어 가만있어도 여섯 가지 영적 존재가 어떻게 활동하는지를 알게 될 것입니다. 이 책을 한마디로 말하면 여섯 가지 영적 존재를 아는 필독 도서라 보면 될 것입니다. (가격 11,000원)

다가온 종말론
종말론에 대한 책들이 많이 있지만 이 책은 주님이 보시는 종말론을 기록하였습니다. 저는 감히 말씀 드립니다. 펠라지역을 모르면 종말론을 다시 해야 한다고 말입니다. 그 정도로 종말론에 있어 펠라지역은 중요합니다. 그런데 이 펠라 지역에 대한 정보가 바로 이 책에 기록되어 있습니다. (가격 11,000원)

성경 보는 눈을 열어주는 창세기
우리는 창세기하면 그저 신비로 생각하는데, 중요한 것은 우리가 성경을 아는데 있어 교두보의 역할을 하는 것이 바로 창세기라는 것입니다. 그러므로 우리가 창세기를 잘 알지 못하면 성경을 이해하는데 어려움을 겪게 되어 있는 것입니다. 왜냐하면 성경의 비밀이 창세기 안에 다 들어 있기 때문입니다.(가격 11,000원)

삼위일체와 예수
우리는 삼위일체 하면 굉장히 어려워합니다. 그러나 실제로 삼위일체는 신비가 아니라 아주 쉬운 부분에 해당합니다. 이 책에는 이 삼위일체의 비밀을 잘 설명하고 있으며, 우리가 믿는 예수님에 대한 신비를 이해하기 쉽게 기록하고 있습니다. 그러므로 삼위일체와 예수님에 대하여 알고 싶으시면 이 책을 꼭 보시길 바랍니다. (

가격 11,000원)

상상하며 기도 하면 100% 응답 받는다

이 책은 제가 지난 24년 동안 기도 응답에 대하여 연구하기 시작하면서 응답 받았던 부분을 종합해 본 결과 얻어낸 결론이며 또한 지난 7년 전부터 이 결론을 가지고 임상실험을 해 기도응답을 거의 100% 받은 비밀을 그대로 공개하고 있습니다. 그래서 이 책을 저는 기도응답의 결정판이라 말하고 싶습니다. 여러분들도 이 책에서 제시하는 방법대로만 기도하신다면 틀림없이 100% 받게 될 것입니다. (가격 6,000원)

주님을 눈물로 사랑하면 복들이 온다.

기도응답을 받기 위해서는 우리가 하나님이 사랑하시는 분을 사랑하면 되는데 그 첫째가 말씀이고 둘째는 예수님이십니다. 이 말씀과 예수님을 눈물로 사랑하면 돈을 비롯한 영혼이 잘되고, 범사가 잘되고, 강건한 복을 받게 됩니다. 그런데 이렇게 말씀을 눈물로 사랑하는 방법이 주어 3인칭을 주어 1인칭으로 바꾸면 되고, 주님을 사랑하되 사랑하는 증거를 가지고 있으면 됩니다. 자세한 내용은 이 책을 구입해서 읽어 주시길 바랍니다. (가격 6,000원)

다바르(이름대로 된다)

다바르라는 말은 말이 현실로 되는 창조적인 말을 의미하는 히브리어입니다. 우리나라 말에 '말에 씨가 있다'라는 말이 있는데, 이 말을 성경 식으로 표현하면 바로 다바르가 되는 것입니다. 어떤 사람은 뒤로 넘어져도 코가 깨지고 안 되지만 어떤 사람은 뒤로 넘어져도 일어날 때 돈을 줍고 성공하게 되는데, 이렇게 인생에서 실패와 성공을 좌우하는 이유가 바로 이름 때문입니다. 즉 다바르의 역사 때문입니다. 이 책을 읽어 보시면 이름의 중요성과 다바르의 중요성을 알게 되어 이제부터 성공적인 인생을 살게 될 것입니다. (가격 6,000원)

성경 보는 안경 1 (상)

우리가 성경을 가장 짧은 시간 내 독파할 수 있는 방법이 있는데 그것은 바로 성경의 용어를 잘 이해하는 것입니다. 저는 이 책을 조직신학 해석집이라 할 정도로 성경의 용어들을 읽기만 해도 쏙쏙 해석 될 수 있게 기록했습니다. 그러므로 한번 구입해서 상, 하권 두 권을 읽어 보시면 여러분들이 지금까지 궁금해 했던 성경에 대한 모든 답을 다 찾아낼 것이며 성경에 대한 궁금증이 다 사라질 것입니다. 상하권 두 권으로 되어 있으며 반드시 두 권 다 구입해 읽으셔야 합니다. (가격 11,000원)

성경 보는 안경 2 (하)

이 책은 성경 보는 안경이라는 1권(상) 책에서 다루지 못한 내용을 이어 쓴 2권(하) 책으로 역시 기존에 어렵기만 했던 성경 용어들을 쉽게 볼 수 있게 해석해 놓은 책입니다. 우리가 성경을 단기간에 돌파할 수 방법이 있는데 그것은 성경 용어를 잘 이해하면 됩니다. 그런데 이 책은 1권(상)에 이어 읽기만 해도 성경용어들이 잘 이해 될 수 있게 썼습니다. 한번 구입해 읽어보시면 성경이 쉽고, 재미있다는 것을 알게 될 것입니다.(가격 11,000원)

암과 아토피와 성인병은 더 이상 불치병은 아니다

서양의학의 아버지인 히포크라테스는 말하길 "면역은 최고의 의사이며, 최고의 치료법이다" 라고 했고, 유명한 약학 전문가인 "샤무엘 왁스맨"은"모든 질병을 고칠 수 있는 치료법은 이미 이 세상에 존재하고 있다"라고 말했습니다. 이 책에는 바로 이런 불치병을 치료할 수 있는 방법을 자세히 다루고 있습니다.(가격 11,000원)

약이 없는 병은 없다 1

제가 약초와 한국의 풀들을 연구하며 느낀 것은 세상에 약이 없는 병은 단 한건도 없다는 것이었으며, 또한 사람이 자연수명을 다하지 못하고 죽는 이유가 약이 없어 죽는 것이 아니라 약을 찾으려 하지 않고, 약을 찾았어도 그 찾은 약을 믿지 않고 쉽게 포기해 버려서 죽는 다는 것이었습니다. 이 책을 보시면 모든 병에 반드시 약이 있다는 것을 알게 되실 것입니다. (가격 4,000원)

약이 없는 병은 없다 2

만병통치약은 없어도 모든 병엔 다 약이 있습니다. 이 책에 있는 약초들이 여러분의 병을 치료할 것입니다. 이 책은 한국의 나무와 풀들인 약초에 대한 것이 2권이고, 이 책에서 다루지 못한 부분은 제 3권에서 다루도록 하겠습니다. 여러분들이 이 책을 읽어 보시면 진짜 약이 없는 병은 없다는 것을 알게 되실 것입니다. 제가 이 책을 쓴 이유는 우리 믿는 모든 성도들이 이 책을 읽으시고 120살 까지 건강하게 무병장

수 하셨으면 해서 쓰게 되었습니다.(가격 10,000원)

약이 없는 병은 없다 3

하나님이 주신 나무와 풀인 약초 안에 모든 병에 대한 약인 만병통치약이 있습니다. 이 책에 나와 있는 약초와 풀들이 당신의 병을 치료하는 만병통치약이 될 것이며, 우리가 약초에 대하여 잘 알면 진짜 약이 없는 병은 없다는 사실을 알게 될 것입니다. 저는 우리 성도들이 나무와 풀인 좋은 약초를 드시고 120살 까지 무병장수했으면 합니다. 이 책을 읽어 보시면 120살 까지 장수한다는 것이 결코 불가능한 일만은 아니라는 사실을 알게 될 것입니다.(가격 10,000원)

세포를 치료하면 모든 병(암)이 치료된다.

우리 몸의 구조는 물이라고 하는 피가 70%이고, 세포가 30%로 구성되어 있습니다. 그러므로 우리 몸에 문제가 생기면 물이라고 하는 피와 세포를 치료하면 자동적으로 병은 치료 되게 되어 있는 것입니다. 그런데 피에 관한 문제는 혈액순환에 관한 문제이며, 세포에 관한 문제는 8가지 당에 관한 문제입니다. 이 책은 바로 이 피와 세포를 어떻게 하면 정상으로 만들 수 있는지를 다루고 있습니다. (가격 4,000원)

구원과 성막

이스라엘 사람들이 아론을 중심으로 눈에(출32:4) 보이는 하나님을 믿기 원하는 것을 하나님은 아시고 하나님은 그들을 심판했지만 한편으로는 눈에 보이는 하나님을 믿고 싶어 하는 사람의 마음을 이해하셔서 하나님의 얼굴인 성막을 주셨는데 그분이 바로 예수님이십니다. 이 책엔 여러분들이 신앙생활하며 궁금해 했던 구원의 3단계와 성막에 대하여 쉬우면서도 심도 있게 다루고 있으니 구원의 확신이 없으신 분들이나 성막에 대하여 궁금 하셨던 분들이 보시면 신앙생활에 많은 도움이 될 것입니다. (가격 11,000원)

침례와 성경

저는 모든 성도들이 반드시 침례를 받아야 한다고 개인적으로 주장하는데 제가 왜 이렇게 강하게 주장하는지 그 이유가 이 책에 나옵니다. 또한 성경이 무엇이며 왜 우리가 성경을 믿어야 하며 또한 사장되어 있는 말씀을 어떻게 레마로 살려내야 하며 어떻게 해야 말씀을 굳게 잡아 말씀이 그대로 이루어지게 하는지 그 방법이 소개되고 있습니다. 그러므로 당신도 이 책에서 말씀 하는 대로 하면 말씀이 레마로 역사하는 것을 체험하게 될 것입니다.(가격 11,000원)

성경의 진수(1)

성경을 입체적으로 볼 때 성경이 한눈에 들어오게 되어있습니다. 그런데 성경을 입체적으로 보는 방법은 성경에 나와 있는 단어들을 바로 알면 됩니다. 그런데 이 책을 포함해 「삼위일체와 예수」, 「다가온 종말론」, 「영적존재에 대한 이야기」, 「성경 보는 눈을 열어주는 창세기」, 「성경 보는 안경1(상).2(하)권」, 「구원과 성막」, 「침례와 성경」, 「성경의 진수 1.2권」등 10권의 책을 읽어 보시면 당신도 바로 성경의 전문가 될 수 있을 것입니다. 왜냐하면 이 책들이 바로 성경을 입체적으로 기록해 놓았기 때문입니다. (가격 11,000원)

성경의 진수(2)

성경은 단어들의 연속으로 구성 되어 있습니다. 그래서 성경에 나와 있는 단어들만 완벽하게 이해하고 바로 알기만 하면 성경을 관주해서 볼 수 있게 되어 있습니다. 이 책은 이렇게 당신에게 성경에 나와 있는 용어들을 이해하는데 길잡이가 될 것이며 또한 이 책에 나와 있는 용어를 바로 알면 성경의 진수를 알게 될 것이며 성경을 통달하게 될 것입니다. (가격 11,000원)